公文组织与管理教程

黄夏基　郑　慧　编

WUHAN UNIVERSITY PRESS
武汉大学出版社

图书在版编目(CIP)数据

公文组织与管理教程/黄夏基,郑慧编.—武汉:武汉大学出版社,
2017.8
ISBN 978-7-307-19456-4

Ⅰ.公… Ⅱ.①黄… ②郑… Ⅲ.公文—管理—教材
Ⅳ.C931.4

中国版本图书馆 CIP 数据核字(2017)第 163010 号

责任编辑:李　晶　　　责任校对:刘小娟　　　装帧设计:吴　极

出版发行:武汉大学出版社　　(430072　武昌　珞珈山)
　　　　　(电子邮件:whu_publish@163.com　网址:www.stmpress.cn)
印刷:虎彩印艺股份有限公司
开本:720×1000　　1/16　　印张:13.5　　字数:235 千字
版次:2017 年 8 月第 1 版　　2017 年 8 月第 1 次印刷
ISBN 978-7-307-19456-4　　定价:35.00 元

前　言

公务文书是法定机关与组织在公务活动中,按照特定的体式,经过一定的处理程序形成和使用的书面材料,又称公务公文,即公文。无论从事专业工作,还是从事行政工作,都要通过公文来传达政令政策、处理公务,以协调各种关系、决定事务,使工作正确、高效地进行。

根据公文生命周期理论,公文从其形成到销毁或永久保存,是一个完整的运动过程;由于其价值意义的差异,可以分为现行阶段与非现行阶段,它们共同构成了公文的整个生命周期。在现行阶段,公文的价值通过其在现行机关事务处理中的凭证、依据与指导意义而得到体现;现行使命一旦结束,就意味着公文进入非现行阶段,其价值则体现为事后的凭证价值以及由此而演绎的情报价值。公文的现行阶段,包括发文、收文及对收发文管理的过程,是一个以公文组织为主要体现的过程。公文的非现行阶段,包括对办理完毕的公文进行立卷与归档的过程,是一个对公文管理的过程。本书的编写,正是本着上述理念而进行的。

本书共四章。第一章是绪论,概述了公文的概念、作用、特点与要求,介绍了公文的文体与语体、文种的分类。第二章是公文的结构,介绍了公文的基本构成、现行公文格式的特点、公文格式的组成要素与一般项目的要求、公文的组成部分与项目。第三章是法定公文的组织,就不同的法定公文文种进行了具体介绍,以范例为侧重。第四章是公文的管理,细述了现行阶段和非现行阶段公文的管理工作。

本书区别于通用的文书学教材,重在案例,强调实践性,不过多涉足公文理论。本书作为广西民族大学国家级精品课程、国家精品共享资源课程"档案管理学"的辅助教材,已经得到了多年的使用,它的实践性以及对于非汉语言文学专业学生的适用性已经得到了很好的证明。

全书由黄夏基、郑慧担任主编,其他参与编写人员有饶圆、归吉官、徐辛西。

由于编者水平有限,书中难免有疏漏和不足之处,衷心希望读者批评指正,提出宝贵意见。

编　者
2017 年 6 月

目　　录

第一章 绪 论

第一节 公文概述

公文在现实社会中已经不可替代。公文的存在,呼唤着公文的管理。公文管理,确切地说是公文组织与管理,就是对公文的拟制、处置和管理。其中"对公文的拟制"是公文的组织工作,而对公文进行"处置和管理",则明显属于公文管理范畴。公文组织与管理即在公文从形成、运转、办理、传递、存贮到转换为档案或销毁的一个完整周期中,以特定的方法和原则对公文进行拟制与管理,使其完善并获得功效的行为或过程。其主要包括收文管理、发文管理、办理管理、档案管理,这是一项系统性的工程。公文组织与管理已经成为了一门学问。

一、公文的概念

公文,即公务文书,也常以"文书"而述之。公文是法定机关与组织在公务活动中,按照特定的体式,经过一定的处理程序形成和使用的书面材料,又称公务公文。

从公务活动的宏观角度来看,有着"公文""文书""公文"三个相近相似的概念,在实际使用中存在含义重叠交叉的现象,没有绝对清晰的区分界限。"公文"这一概念主要区别于私人文书而言。

公文自古而有之,伴随着社会的发展与进步,公文如今已经成为具有规范体式的文书,并有广义和狭义之分。

广义的公文,外延十分广阔,除通用文书外,还包括法律、财经、文教、外交、军事、税务、工商等各种行业的专用文书。目前,还没有人能够统计出广义公文的文种数,也许永远也无法统计出来,因为它不仅多,而且随着社会的发展,不断地有新的文体产生。

狭义的公文是文书的一个种类,专指机关按法定程序制发的,具有法定效力和规范体式的书面公文,它有着固定的版式与体式,有着特定的使用范围。

根据《党政机关公文处理工作条例》(中办发〔2012〕14 号,2012 年 4 月)所采用的概念,狭义上的公文包括了命令(令)、决议、决定、公报、公告、通告、意见、通知、通报、报告、请示、批复、议案、函、纪要共计 15 种。

狭义公文的组织与管理,是本书的核心内容。

二、公文的作用

公文是管理机关进行管理的工具,它不仅为各个行政机关在进行公务管理的各项工作与各项活动时提供了法律依据,而且为各个执行部门提供了规范的行为准则,在公务管理中具有至关重要的作用。

1.公文是公务管理中上级与下级互相沟通的桥梁

行政部门可以通过各种各样的渠道行使权力,公文是这些渠道的一种重要形式,行政机关的上级决策者在向各个部门下达命令时,将以公文的形式下发给各个部门去执行。如果公文能够将这些命令或者上级决策者的意志准确地表达出来,那么公务管理的工作与活动必将顺利地进行,否则,这不仅将影响上级决策者在行政单位中的威信,而且将使公文的约束作用降低。因此,双方都要谨记自己的职责所在,不仅需要上级部门在发布公文时要慎重考虑,表达清楚自己的要求与目的,而且需要下级部门在执行时认真阅读每一项要求,认真执行,绝不发生逾越职权的行为。这样,上级与下级相互理解、相互配合,公文的作用才能得到最大限度的发挥。

公文是行政机关权力的象征,是上级发布命令的一种重要方法。因此,公文是公务管理中上级决策者与下级执行者之间相互沟通的桥梁,它一边将上级的决定与任务方便、快捷地下发给下级,一边将下级在执行决策过程中,在进行行政工作与行政活动的过程中发生的情况及时地反映给上级。在这种相互配合之下,公务管理的工作与活动才能顺利地进行。

2.公文对公务管理活动具有指挥与部署作用

公文就像十字路口的红绿灯一样,在各部门执行工作和活动时,指导各部门应当怎样去做,这样才能使工作和活动进行得井然有序、有条不紊。由于行政机关拥有许多大大小小不同性质的部门,他们的职责各不相同,工作也各不相同,因此,他们都需要一个适合自己部门的管理条例,能使他们各司其职,做好自身的工作。不仅公务管理中各部门的活动需要公文来进行指导,在社会生活中也需要公文的制约。

3.公文在公务管理中具有培养与教育作用

由于公文本身具有一定的法律效力,具有强制性,并具有指导意义,因此,公文对于公务管理中的各部门各成员能起到培养与教育的作用。它不同于报纸、杂志、书籍等书面文字中的教育形式,也不同于新闻、广播、电台等媒体的传播教育,公文所起的培养与教育作用是在公务管理的过程中,在各部门执行活动、进行工作时,部门成员通过对公文的掌握从而使自身的品德与思想得到提高。公文对于工作人员在公务管理工作中获得觉悟、启发和灵感起着十分重要的作用,因为公文本身就具有十分深刻的思想,是经过专业人员的一次又一次严格的审批获得准许并下发给各部门的公文,具有指导与教育意义,能使公务管理的各部门更深刻地认识到自己的职责所在。

4.公文对公务管理的思想与行为具有规范作用

在公务管理中,公文是规范行为的一个重要途径。在公务管理时,需要一些具体的法规来规范公务管理的各项行为,公文就是这些法规的体现形式。公文不仅可以让公务管理行为有法可依,而且使之在一定的约束范围内进行,不得超越法律的界限。这样,公文可以使得各项公务管理工作正确、合法地进行,既不损害他人的利益,也不对社会造成不利的影响,使得公务管理工作得以一帆风顺地进行。

5.公文在公务管理中具有凭证与依据作用

公文是公务管理机关对各部门进行管理的一种文体。对于其他文体来说,它存在许多特殊性。比如在内容上,条理清晰、明白易懂,不能让读者产生歧义;在格式上,要严格按照要求行文;在语言上,必须简约、规范。公文不但具有一定的强制性和法律效力,还有一个确定的执行范围,即哪些公文适用于哪些群体。因此,诸多对于公文的特殊要求决定了公文的规范性,也决定了公文的凭证与依据作用。它贯穿于社会生活的各个环节之中,为维护社会秩序、保障社会安全作出了巨大的贡献。公文是公务管理中最常见也是最实用的,它在公务管理中的作用,是其他任何一种文体都无法取代的。

6.公文在公务管理后具有查考以及新工作中参考的作用

公文作为事务处理的依据,是履行职能、开展业务的重要手段。公文现行使命结束后,经整理转化为档案,从而成了珍贵的历史记忆,成了不可或缺的重要凭证与辅助工具。单位或部门要想真正开展自己的工作,离不开对以往公文的阅读与参考,从而掌握前面工作的开展情况、困难与问题,为制订决策、规划,开展工作创造有利的条件。

以上作用可以进一步归纳为联系作用、传递作用、凭据作用三个方面。① 联系作用，单位或部门之间的联系作用。由于公文的联系作用，沟通了不同单位或部门之间的联系，特别是使全国各类各级机关成为一个完整的网络。② 传递作用，公文具有传递单位或部门意图的作用。公文从某一单位或部门发往另一单位或部门，使得两个不同的单位或部门之间产生了某种联系的同时，发文单位或部门又通过公文把自己的意图传递给了收文的单位或部门。单位或部门的意图一般是通过载于公文上的文字来传递的。③ 凭据作用。对于收文机关来说，公文既是当时开展工作的依据，又是日后检查工作的凭证。公文的现行凭证作用消失后，那些具有保存价值的公文还要转化为档案来保存，以便作为历史的凭据继续发挥作用。

公文已成为单位或部门联系、传达、部署与指挥的工具。

三、公文的特点与要求

(一) 公文文体的特点

比较其他实用文体，公文具有七个明显的特点。

1. 公文的内容具有鲜明的政治性

公文是社会政治活动的产物，是发文者意志的表现。由于公文是组织或机构在管理过程中形成的，因此，它是依法行政和进行公务活动的重要工具。这种特殊的工具性使公文代表着组织或机构的意志与愿望，体现着一定的政策、方针和利益，公文具有鲜明的政治性。

公文是各级政权机关的指挥意图、行动意图的系统记录，直接反映国家政权的政治意向和根本利益。因此，在阶级社会里，公文的政治性质就取决于国家的政治性质。我国是人民民主专政的社会主义国家，公文具有鲜明的政治性和高度的思想性，集中体现在为广大人民群众的根本利益服务上，体现在为巩固和发展社会主义事业服务上，体现在为建设美丽中国的服务上。

2. 法定作者

公文的作者都具有民事权利能力和民事行为能力。法定作者是依法独立享有民事权利和承担民事义务的单位组织，他们都具有民事主体资格，成为民事权利、义务的主体，具有主体所应有的权利能力和行为能力。各级党政机关、社会团体、企事业单位只要是合法存在的都是法定作者。

3. 公文具有法定的权威性和行政约束力

公文是法定作者在法定范围内行使职权时制定和发布的，代表着制发公文组织或机构的法定权威,行使着对应的权力与职责。公文的缘由,既是建立在制度基础上社会关系所决定的,也是发文者深思熟虑而伴随的正确行为,具有使人信服的力量和威望,不容收文者对公文的来源及所表达的意志有任何的质疑。当然,公文的权威性并不排除由于制度权威基础上人为认可非实质权威的可能,但不能由此而否定公文的权威性。

以权威性为逻辑起点,公文又有着其特有的行政强制性和约束力。强制性和约束力通过对受文者的影响而体现。对于来文,受文者不但要接收知悉,而且必须知照。管理层通过公文领导和指挥,或协调社会诸元,受文者需要围绕发文者预设的目标,沿着公文既定的轨道行动。公文给受文者的行为作出了规范与约束。

尊重公文的权威性,承认它的行政约束力,是保证党和国家的路线、方针、政策得以顺利贯彻、执行的重要前提。

4.读者的特定性

特定性是指公文的读者对象是明确、特定的,有着相应的受限范围,即受文机构具有指向性、专指性,其读者是谁,从公文起草前就已经有了明确的规定。这是其他文本所不具备的性质。例如报告、请示是送给上级机关的,上级机关的领导人就必须进行处理;指示、批复是送给下级机关的,有关的下级机关就必须遵照执行,这些都是读者特定性的体现。

5.公文具有时效性

公文的时效性往往体现为公文成文及生效后一定时间内的效果或比率。公文的时效性体现为适时性、恰时性。

公文有着很强的时效性。在一定时间段内公文对组织、管理或协调工作的价值属性是明显的,对实践具有显著效果,在不同的时段会有作用力以及效果上的差异;并且,发文需要讲究恰时恰点,否则公文的正面效果或与此相应的时间比率将大大降低,甚至是负面的结果。在时间面前,公文可谓是易碎品,不恰时的公文只有副作用,甚至是"毒药"。历史上一份与中国股票市场密切相关带有熔断机制内容公文的出台与实施,由于恰不逢时,曾给中国股市带来典型的负面影响。

6.公文具有特定体式

公文是一种以说明为主的文章体例,通常以说明性表达方式为主,以叙述议论的表达方法为辅。公文具有统一规定的格式和文种。

(1) 公文有着统一规范的格式。

公文是国家发挥管理职能的书面工具,国家规定了统一的公文格式及严格的行文规范,组织公文的过程中不能随心所欲。

(2) 表达章法区别于其他文体。

① 定式的结构。说明文体,亦议亦叙。公文的发出,是为了表达与沟通,因此拟以说明为主,以说明为首选。说明,是公文表达中最基本的手段,离开说明无法体现公文写作的根本目的、最终目的。以议论和记叙的方法以体现共识的力量和共识的过程,也是公文表达中不可或缺的重要手段。公文需要受文者周知甚至执行,议论和记叙相结合增强了公文的说服力。

② 消极修辞,意赅语美。公文的表达和公文的文体美,是辩证统一的。高质量的公文往往既有消极的修辞也有意境清晰、语境悦人的语句。作为传达、沟通的工具,公文的行文用语语体严谨、准确、平实、简明、庄重。

7. 公文具有广泛使用性

与其他实用文体相比,公文没有专业特性,因此不分行业和地区,所有机关、团体、单位都能使用,是目前使用范围最广的一类文体。

(二) 组织公文的要求

为了更好地实现公文的目的,达到预期目标与效果,组织公文时有如下要求。

1. 讲政治

公文写作的政治性说明了两点:一是公文制作行为本身就是一项政策性很强的政治性活动,与文艺作品有着根本的差别;二是公文要在政治意图范围内来写,写作者不可自作主张,不能违反既定的路线、方针、政策和有关法律规定。政治性作为公文写作的首要特征,决定了公文写作者“受命制文”。公文写作要根据代表机关意志的领导意图去写。公文的拟订成文一定要遵从机关的意志,服从领导的意图。在公文写作过程中,写作主体具有法定性,尽管制作公文的具体活动有时落实在个人行为中,但这种个人行为则是集体行为的具体化和即时表现,并非文学写作上的纯个人化创作行为。因此,讲政治成了组织拟写公文的第一要求。要有正确的政治方向、政治立场、政治观点,要遵守政治纪律,要具有政治鉴别力、政治敏锐性。

2. 高质量

公文质量是其权威性及约束力的基础。高质量的公文必须在讲政治的前提下,有合法的作者、法定的作者行文,格式规范,体式合乎要求。同时,公文的内容是客观性、公正性两者的合一,并且行文要恰时。

3. 合法

(1)责任者要合法。公文的生成发出或收文办理必须是依法成立并能以自己的名义行使权利和担负义务的机关或组织。从发文的角度来说,不仅确系署名者认可后所发出的,而且必须与公文内容及作者身份地位相适应,即文书法定作者是认可发出文书内容并与其身份地位相适应的署名者。从收文的角度来说,对收文办理的过程是合法的,处理的结果是有效的,具有公理性。可以借助以下两个方面对责任者进行判断:一是作为一个民事主体,有独立的权利能力、行为能力和责任能力;二是依法拥有经营管理且能进行支配的财产,归自己所有或者依法归自己。

(2)内容要合法。公文的效力及效果,既与责任者的职权有关,又与公文内容有关。要求公文必须遵循国家法律、法规及其他有关规定。如果公文的内容超越了国家法律、法规许可的范围,则是无效的。内容的合法,既体现为公文与责任者职权的关联性,即发文或收文不越职权,内容不能违反法律、法规或国家政策。如农业局在指导蔬菜生产的行文中,为了达到更好的灭虫效果,推荐国家禁止使用的剧毒农药,职能上合法但内容不合法。

(3)程序要合法。公文的组织与管理是一个具有生命力的过程,在这个过程中存在着自然的规律。从现行公文的产生、发送、收文办理,到非现行公文的归档,都有相应的程序,运作要遵循规律。如领导签发工作人员核发后的文稿才能付印,通常情况下不能越级行文等。

4. 行文对象要确切

行文时,要有清晰、确切的受文对象。行文要有合理的范围,行文不到位,公文目标难以实现;行文对象的泛化,则违反了合法性的要求,影响了公文的权威,甚至犯政治性错误。因此,要精准地把握发文的对象。

5. 行文要恰时

正如前文所述,公文具有时效性,因此行文要恰时。公文的恰时性是以下两个方面所决定的:① 公文因事而制、应时而发,通常情况下公文针对正在办或将要办的事情,针对已经出现或需要预防的问题;② 由于公文具有权威性与约束性,公众的决策与行为对公文有着先天性的依赖。为此,公文的成文、送达,都要把握好恰当的时机。实践证明,恰时行文,最能及时针对问题、解决问题,对工作大有裨益;反之,过早或过晚,都是有害的。

6.体式要符合要求

基于公文体式的特点,公文的撰写组织工作,要注意格式的规范及章法的适用。

第二节　公文文体与语体

公文具有以说明为体、亦议亦叙、意赅语美、语体严谨的特点。基于公文的特点,在具体撰写公文文稿时,对公文的文体与语体有相应的要求,从而最大限度地发挥公文的作用。

一、公文的文体

(一) 以说明文为体

总的来说,公文的文体属于说明文。说明文是一种以说明为主要表达方式的文章体裁。撰写公文,是为了沟通、表达或指挥,因此拟以说明文为首选,即说明文体。公文的表达方式以说明为主,充分利用介绍说明法、阐释说明法、数字说明法、引用说明法、举例说明法,来介绍、解说、阐释客观事物的存在状况、本质特征、基本范围、主要类型、内在联系、发展规律;介绍、解说、阐释法定作者的施治路线、方针、政策、规制、办法、措施、步骤、目标及其解决问题的原则、方式、方法;介绍、解说、阐释人类文明的思想成果及某种认识、某种思想、某种观点、主张、意见等。通过介绍、剖析,而揭示事物、事件、事情的本质或规律,阐述问题的实质,使受文者从中获得应知的信息,使受文者从中"明理",从而根据要求作出行为付之于行动。说明是公文表达方式中最基本的手段,离开说明就难以体现公文写作最根本与最终的目的。

说明文"说明"的特征,决定了成文内容的准确性和严谨性。

(1)准确性是公文的生命。因为公文事关机关的党务、政务等各种公务,其政策性非常强,所以公文准确精当、恰如其分是尤为重要的。① 准确反映客观对象。公文的描述与介绍的内容应该来源于严谨的调查数据,应该根据现实情况真实和严密地介绍与说明,绝对不能凭空捏造、无中生有,否则就会对读者产生错误的引导。② 准确地表达作者意旨。公文因事而生、因责而办,公文作为沟通、布置与协调事务的工具,发文单位或机构者的意旨只有准确地得到表达,才能为公文目标的实现提供前提。

(2)严谨性是公文生命的维系。一份严谨的公文,其准确的内容往往也是周全完善、简洁明了的。周全的公文中,同一对象,必须全面地介绍、说明,不能隐瞒。这样的全面介绍、说明,才是事实真相的展示。选择性地进行描述或介绍说明的公文,有违公文组织的精神。同时,这样的周全完善,也是简洁明了的,不拐弯、不绕圈、直截了当,使受文人更易于精准地得到认识与领会。

(二)议论和叙述的方法并用

以说明文为体的公文,叙述是最主要的手段,但并不排斥议论方法的运用。议论和叙述的方法并用,以体现共识的力量和共识的过程,也是公文表达中不可或缺的方法。公文需要受文者周知甚至执行,议论和叙述相结合更有助于公文行文目的的实现。在有些公文或者公文的某些部分里,运用议论和叙述的方法以体现共识的力量和过程。

在公文中也存在夹叙夹议的方法。夹叙夹议的方法,不是叙述和议论各半,而是以叙述为主体,议论是在叙述的基础上的发挥,是叙述的升华。其议论通常是精辟的,有时甚至只是一句话,但却是点睛之笔,它能揭示事物的本质、深化文章的内容。从本质上分析,议论和叙述都是为说明服务,为说明提供理性论证、事实过程及其背景因素。议论的结果不是写作理论文章。

夹叙夹议时,叙述是议论的基础,叙要叙得具体、生动,议论才有基础、有依据。议论的方法很多,可以立论也可以驳论,要保证论点的鲜明、论据的可靠、论证的严谨;叙述的方法也很多,可以顺叙也可以倒叙、补叙、插叙,可以总叙也可以分叙,要保证事实清楚、过程不繁、详略得当。

总之,叙述中可以掺杂着议论,以叙为主以议为辅,有叙有议,叙议结合。

二、公文的修辞

修辞,也叫修饰文辞,是对语言的修饰和调整,即对语言进行综合的技巧性加工。在使用语言的过程中,在内容和语境确定的前提下,往往对文辞施以手段进行表达,既要使表达准确无误、明白晓畅,又要求鲜明、形象、妥帖。修辞有积极修辞与消极修辞。

消极修辞是用朴实的语言,理性、客观地表达思维内容和阐明事理的修辞活动,为了说理,要求表达明白无歧义,符合逻辑和语法规律。与消极修辞相对应的是积极修辞,它是借助丰富多样的语言形式,生动形象地表达内心情感、生活体验的修辞活动。积极修辞要求表达形式的灵活变通,为了制造不同寻常的艺术效果,有时会故意临时性地跳脱客观事实,超越逻辑和语法规范。公文作为联系、表意的工具,拟采用以消极修辞为主,间或配以积极修辞,消极修辞与积极修辞相结合。

(一) 公文修辞方法的采用

1.公文的修辞拟用消极修辞

与科学或其他诠释性语言文字相似,公文的修辞主要是运用消极修辞。科学或其他诠释性语言文字,无不以使人领会为目的,不允许有丝毫的模糊和歧义。公文作为管理工具,是政治性、权威性的意志体现,其语体应该具备庄重、通俗、简洁、规范的风格。因此都要从消极方面着眼进行修辞,以便把事理述说得清楚、明白。

以消极修辞为修辞手法所产生的公文,其言辞方面也有着明显的特点。

(1) 实现了外在形式和内在意义紧密结合,受文者可以直接从辞面上去理解语义。避免了辞面和辞里之间可能出现的离异,实现了语义和外在形式的相统一,受文者可简单地照辞直解。受文者不需要从情境上去领略,用情感去感受,或者从本意和上下文等对公文进行考察。

(2) 消极修辞下的公文更直接地让受文者感受、明白到行文者的意图,没有积极修辞那样试图感动受文者的蕴意。消极修辞更易让受文者理解,并应合发文者的题旨。

2.消极修辞与积极修辞的综合运用

公文的修辞要以消极修辞为主,但并不是对积极修辞的全盘否定或不容。优秀的公文往往是消极修辞下积极修辞的恰当运用,是质朴性与生动性的统一、科学性与艺术性的统一。

质朴性与生动性的统一是从修辞风格方面反映出来的特性。语言朴素是公文语言特点的一个重要方面,另一方面是生动。质朴与生动的一致才是公文语言的突出个性。生动性应包含新、深、美、活。因循守旧、人云亦云、枯燥乏味、言不由衷的语言向来不受欢迎。

科学性与艺术性的统一是语言内容与形式完美结合的一个鲜明特征。公文的语言表达,科学性既是它的重要特征,也是第一需要。科学性要求实事求是,真实可靠。但真实的内容也有如何表达的问题,如何表达对语言来说就是语言艺术性的问题。公文重视措辞,讲究造句,注重质量,顾及效果,这正是对语言艺术性的刻意追求。

修辞本身就是一种积极的活动,消极修辞并不是不需要修辞,只是相对而言,消极修辞不过多追求艺术效果。相对于带有艺术或文艺性的修辞来说,消极修辞的手法更平民化、大众化,不追求语言的华丽,不讲究语言的艺术性。

语体中一般不使用变异修辞,而是重在常规修辞上下功夫。准确性、简洁性和规格性是公文基本的,也是最高的要求。

(二)公文修辞的要求

消极修辞的着眼点是将句子的意思表达清楚,使之没有歧义,没有怪词僻句,使之通俗易懂。因此,它一般使用的是质朴无华的语言,力求语义通顺、明白。句子之间逻辑清楚,衔接恰当。

基于公文修辞属于消极修辞,进行公文修辞时,有如下要求。

(1)思想要明确。首先必须经过仔细观察、研究,对事物的性质、特征、内部联系、与其他事物的关系以及发展变化等,有明确、全面的认识。下笔前理清思路,成竹在胸。明确公文行文目的、重点及听读的对象,做到清晰、明白而确定不疑。

(2)词义要明确。选择意义十分明确的词,它所概括反映的客观对象是明晰、清晰、确定不疑的,用词的本义,避免使用引申义,不使用词的比喻义。力避模棱两可的词,对有歧义的词,应加以解释。在同一语境中,概念的内涵应保持一致。可用对概念加限制语的方式,缩小外延,明确词义。

(3)语句要通顺。句子要合乎语法的要求。精心选用虚词,词与词、短语与短语的关系要明确,句与句之间要连贯。

(4)语言要平稳。语言平实,力避怪词僻句。语言匀称、和谐、协调,力避疏缺或语义混淆不清。尤其要与内容、语境相贴切。

此外,公文的布局要严谨。根据公文文意,采用合适的文种、通行的结构形式来安排其篇章结构,结构层次的多少和顺序约定俗成,一般不轻易变动。表述要纲举目张,对所要表述的内容分段或分条列项,合理安排段落顺序乃至句群,注意前后照应,逻辑条理清楚、过渡自然,使人一目了然。全文气势贯通,浑然一体。

三、公文语体

为达到消极修辞的效果,语体上,公文的章法、句法、用语都要有相应的规范。

(一)公文的章法

1.分条

分条就是在撰写公文的过程中,要有条理性。条理性是公文外在形式的基本要求,是公文篇章、语言等的第一大特征,是保障公文条理性的基本手段。在分清条的前提下,各条排列有序,不可颠倒。同时,在条下根据需要而分项,标以序号。这种分条的修辞方法,能达到条理清晰的效果。

2. 撮要

撮要,指摘取要点,把需要说明的核心内容概括前置于一节或段的前面,以引起阅读者注意。撮要,在全文中总揽总领,能使阅读者对全文有个总概念,思路更清晰。便于阅读者顺利地把握全文的精髓,更易于阅读者对公文的把握。

3. 引据

引据,犹引证。公文是法人因事而发,行之有依,言之有据。通过引据,增强内容的权威性和切实性,以利于公文更好地付诸施行,能够更好地提高公文的实用效能。

(二) 公文的句法

1. 强调句

在公文中,常出现类似这样的句式,"为了……""现将……""特……",这是强调句。公文中强调句是发文单位或机构为了表达自己的意愿或情感而使用的一种形式,通过类似的方式对表达内容予以特别的重视,从而起到强调的修辞作用,更引起受文者的注意,以便确保公文更有效地达到预期的效果。

2. 后置句

这里指的是重点后置,这是消极修辞表达重点文意时在语序上的一个特点。

3. 省略句

在行文时,对于句子应该具备的内容成分,有时出于修辞上的需要,在句中并不出现,这是消极修辞中省略的用法。虽然省略,但并不影响行文的表达,更不会导致受文者的难懂及理解的偏差。相反地,类似的省略,更显公文的言简意赅。

在消极修辞中,语句的简洁明快可以通过恰当地运用省略得以实现,但也需要注意一个度的问题,这个"度",既有省略的深度问题,也有省略幅度的问题,要避免弄巧成拙甚至产生歧义。

(三) 公文的用语

1. 书面语

书面语是相对于口语而言的一种用语,也是一种雅语。书面语源于口语但表情达意上已经大大地高于口语,是语言从用于"听"到用于"读"的升华,饱含了"雅"。书面语的使用是公文用语的基本要求,合适的书面语,使"轻于"修辞的公文,更能传事达意。书面语的使用要把握好技巧,力求规范化、朴实。如公文中使用"母亲"而不使用"妈妈"、用"父亲"而不使用"爸爸"、用"祖母"而不使用"奶奶"、用"不慎"而不使用"不小心"等。

2. 强调语

强调语主要是配合强调句的使用,强调语的使用能使普通用语可能导致的平淡拖沓,变得清晰、明朗、重点突出。如前文强调句中"为""特""现"的使用。

3. 缩略语

采用缩略语,是在公文写作中消极修辞的又一手段,把较多音节的词语简缩成较少音节的词语,把复杂的语句表达高度简化,能使用字得到节省,利于阅读。但这些缩略必须是已约定俗成,十分规范,一定时期内已为人们所普遍采用。如"文革""城乡""基建""政协"等,分别是"文化大革命""城市与乡村""基本建设""政治协商会议"的缩略。"中国共产党"不宜称"中共","蒙古族""维吾尔族""哈萨克族"更要绝对严禁简称为"蒙族""维族""哈萨"。

4. 文言语词

公文用语追求准确直述、语言简练、语感平实、语气严肃。撰写公文文稿时略施以文言语词,既有助于体现公文的庄重性、严肃性,也可以丰富公文的语言,增强公文的表现力。毕竟文言是白话之源,它积淀了大量极富表现力的文言典故、词汇和辞章。

一些文言词汇比现代词汇的容量更大、内涵更丰富、概括性更强。如果在公文写作中不使用这些文言词汇,就可能使行文拖沓累赘,如文言语词"兹""悉""宜"分别对应"现在""了解""适合";使用文言语词,语体风格更加庄重典雅,如"业经""拟"" 奉 …… 之命"分别对应"已经""打算(考虑)"" 按照(根据) …… 的命令"。

文言语词使用既是历史积淀的结果,也是社会发展的使然,公文写作中逐渐形成了一些位置相对固定、表意准确简明的文言语汇。使用文言语词,行文更加规范、实用。称谓用语,如 "本""贵"等;"该"等人称代词;期请用语,如"拟请""函请""务请""望""企盼""切盼""希予"等;引叙用语如"据""本着""前接""近接""鉴于""惊悉";经办用语,如"经""业经""即经""并经"等;征询用语,如"当否""妥否""是否可行"等;受事用语,表示感激和承受,如"蒙""承蒙""荷""是荷""为荷"等;强调用语,如"务必""务于""均须""须即"等。

第三节　公文的分类

公文作为各类社会组织从事管理活动的重要工具,产生并作用于不同领域的各级管理层次,使用范围广泛,种类繁多。

一、公文的种类

在广泛的管理活动领域,为适应不同的公务需求,形成了不同种类的公文。分类的目的就是要对大量繁杂的公文进行分门别类,以便准确、恰当地使用每一种公文,把握不同文种的撰写、处理和处置的要求,从而提高公文工作的质量和效率,加速公文工作规范化和科学化的进程,使其发挥更大的效益。

根据不同的分类标准,着眼于公文工作的现状与未来,可将公文划分为不同的类别。

(一) 从载体的角度分类

从物质载体的角度来看,无论公文以何种方式(文字、声音或图形、图像等)记录信息,通常都要将信息内容附着于某种物质载体之上。目前,既有传统载体的纸质公文,也有新型载体(这种情况下,惯称为公文)的感光介质公文、磁介质公文以及电子公文等。

1.纸质公文

纸质公文是指以纸张为物质载体的公文。纸张是目前公文工作中使用最为普遍、使用率最高的载体。

2.感光介质公文

感光介质公文是指以感光胶片、相纸等感光材料为物质载体的公文,如照片公文、影片公文、缩微胶片公文、显微胶片公文等。

3.磁介质公文

磁介质公文是指以磁带、磁盘、磁鼓等磁性材料为物质载体的公文,如录音公文、录像公文、计算机磁带公文、磁盘公文以及磁光盘公文等。

4.电子公文

电子公文是指在数字设备及环境中生成,以数码形式存储于磁带、磁盘、光盘等载体,依赖计算机等数字设备阅读、处理,并可在通信网络上传送,借助于电子计算机生成、传输和处理的公文,包括文本公文、图像公文、多媒体公文等。

具有不同载体特征的公文,其制作方式、处理方法和保管要求各不相同,需根据各自的特点和要求区别对待。

(二) 从内容性质的角度分类

按照公文的内容性质,可将其分为规范类公文、领导指导类公文、报请类公文、知照类公文、契约类公文和会议公文等。

1. 规范类公文

规范类公文是指以强制力推行的用以规定各种行为规范的公文,包括各种法规、法令、规章等。

2. 领导指导类公文

领导指导类公文是指以领导、指导机关及其领导人名义制发的用于颁布政令、部署工作、批复事项的公文,如命令、决定、指示、批复等。

3. 报请类公文

报请类公文是指被领导机关向有关上级机关汇报工作、反映情况、答复询问、提出建议、请求指示或批准时使用的公文,如报告、请示、议案等。

4. 知照类公文

知照类公文是指面向社会或特定范围(各类社会组织之间或在其内部范围内)为公布、通知有关事项,通报情况,联系工作,商洽事宜,交流信息而制发的文书,如通告、通知、通报、公函、介绍信、简报等。

5. 契约类公文

契约类公文是指由当事双方或数方为实现一定的目的,明确相互权利、责任、义务而签订的作为工作依据或法律凭证的公文,如合同、协议书等。

6. 会议公文

会议公文是指在会议活动中形成和使用的所有公文材料,如会议记录、会议纪要等。

对内容性质不同的公文,应注意把握其不同的写作特点和不同的处理方式。

(三) 从涉密程度的角度分类

根据内容涉密的程度,可将公文划分为绝密、机密、秘密、内部、限国内公开和对外公开等不同等级。

1.绝密级公文

绝密级公文又称绝密件,是指涉及党和国家最核心的机密的公文,一旦泄露,会使国家的安全和利益遭受特别严重的损害。

2.机密级公文

机密级公文又称机密件,是指涉及党和国家重要机密的公文,一旦泄露,会使国家的安全和利益遭受较大的损害。

3.秘密级公文

秘密级公文又称秘密件,是指涉及党和国家一般机密的公文,一旦泄露,会使国家的安全和利益遭受一定的损害。

4.内部公文

内部公文是指限于党和国家机关内部或专业系统范围内使用的公文,内容虽不涉密,但不宜或不必对社会公开。

5.限国内公开的公文

限国内公开的公文是指内容虽不涉密,但不宜向国外公布而仅在国内公布的公文。

6.对外公开的公文

对外公开的公文又称公开性公文,是指内容不涉及任何秘密,可直接对国内外公开发布的公文。

凡涉密公文可统称为密件,非涉密公文可称为平件。密件和平件的发送范围不同,而且密件有专门的传递渠道和严格的保管制度。因此,密件和平件应分别管理,以防泄密、失密。

(四) 从办理时限的角度分类

从办理时限的角度划分,公文可分为特急件、急件、平件三种。

1.特急件

特急件是指内容至关重要且特别紧急,必须在最短的时间内以最快的速度优选传递、处理的公文。

2.急件

急件是指内容重要且紧急,要求打破工作常规迅速传递、处理或在规定的时限内办阅完毕的公文。

3.平件

平件是指无保密和时限方面的特殊要求,按工作常规传递、处理的公文。

凡有办理时限要求的公文,应将紧急程度的标记标识于文面和封套之上,按照规定迅速传递,如期办理;没有特别时限要求的公文也应抓紧时间办理以确保时效。

(五) 从行文方向的角度分类

按照公文的行文方向(即公文的传递方向),公文有上行文、平行文与下行文之分。

1. 上行文

上行文是指下级机关向所属上级领导、指导机关报送的公文。例如,某高等学校向所管辖的行政教育机构行请示文;再如,省财政厅上报给财政部的报告等。

2. 平行文

平行文是指同级机关或不相隶属的机关之间往来的公文。如市政府所属各局之间、政府系统和军队系统之间发送的公函。

3. 下行文

下行文是指上级领导、指导机关向所属下级机关发送的公文。如国务院向省政府下达的指示、通知等。

上行文、平行文和下行文反映了不同的工作关系,通常需选择不同的文种使用相应的用语,其价值和作用亦不相同。因此在撰写、处理和处置的过程中须加以区别。

(六) 从机关授受公文的角度分类

从一个机关授受公文的角度出发,公文有发文与收文之分。

1. 发文

发文是指本机关制发的公文,包括两种情况:发往其他机关或只发至机关内部机构。

2. 收文

收文是指本机关收到的来自其他机关制发的公文。

发文与收文有各自不同的处理程序,相对而言,保存价值也不相同。一般来说,各机关主要保存该机关制发的公文。否则移交到档案馆之后就可能会出现重份公文的现象。

二、公文的稿本

公文的稿本是指公文的文稿和文本的总称。在公文形成过程中,有多种文稿、文本产生,它们在内容、外观形式,特别是在效用方面有很大的不同。

1. 草稿

草稿是供讨论、征求意见、修改审核、审批用的原始的非正式文稿,内容未正式确定,不具备正式公文的效用。草稿的外观特点是没有生效标志(签发、用印等),文面上常见"讨论稿""征求意见稿""送审稿""草案""初稿""二稿""三稿"等稿本标记,标记大都位于标题下方或右侧加括号。

2. 定稿

定稿是内容已确定,已履行法定生效程序的最后完成稿,具备正式公文的效用,是制作公文正本的标准依据。定稿一经确立,如不经法定责任者(如签发人、讨论通过该公文的会议等)的认可,任何人不得再对其予以修改,否则无效。定稿的外形特征是有法定的生效标志(签发等),有的还标明"定稿""最后完成稿"等稿本标记。

3. 正本

正本是根据定稿制作的、供主要受文者(主送机关)使用的具有法定效用的正式文体,其内容必须是对定稿的完整再现。正本的外形特征是格式正规并有印章或签署等表明真实性、权威性、有效性的标志,在一些特殊公文上还标有"正本"字样的标记。

4. 试行本

试行本是规范性公文正本的一种特殊形式,即试验推行本,在规定的试验推行期间具有正式公文的法定效用。试行本主要适用于发文机关认为公文内容待一段时间的实践检验后可能将予以修订的情况下使用的文本。试行本的外形特征主要是在公文标题中加注稿本标记,一般是在文种后用括号注明"试行"字样。

5. 暂行本

暂行本也是规范性公文正本的一种特殊形式,即暂时推行本,在规定的暂行期间具有正式公文的法定效用。暂行本常用于发文机关认为因时间紧迫公文中的有关内容可能存在不够具体周密等缺欠,一段时间之后可能将予以修订的情况下。暂行本的外形特征是在公文标题的文种之前加注"暂行"字样,如《行政法规制定程序暂行条例》。

6. 副本

(1)副本是指再现公文正本内容及全部或部分外形特征的公文复制本或正本的复份。副本供存查、知照用。

（2）作为正本复份(与正本同时印刷)的副本与正本在外形上基本没有区别,只在送达对象和使用目的上与正本有所不同,正本送达主送机关,供对方直接办理,副本送抄送机关了解内容或由本机关留存备查、归档等,在效用方面均具备正式公文的法定效用。

（3）作为复制件的公文副本(如抄本、复印本等)因不能再现公文的全部特征(如印章或签署者的亲笔签名等),公文副本的真实性无切实保障,因此不具备正式公文的法定效用,只能供参考、备查。此类副本常需加注"副本"字样的标记。

7.修订本

（1）修订本是规范性公文正本的另外一种特殊形式,是已发布生效的公文,经实践检验重新予以修正补充后再发布的文本。自修订本生效之日起,原文本即行废止。

（2）修订本的外形特征除与其他正本相同之外,需要作出稿本标记,可在标题结尾处标作"(修订本)",也可在标题下做题注,在圆括号内注明"某年某月修订"。

8.不同文字稿本

同一公文在形成过程中需要用两种或两种以上文字撰写和制作时,会形成不同文字的文稿或文本。在中国,以汉文和其他兄弟民族文字撰制的同一公文的不同文字的文稿、文本的效力完全等同。在涉外场合,公文中的文字使用国家和民族尊严的问题,也有着文字稿的不同。

第二章 公文的结构

第一节 公文的基本构成

总的来看,公文包括以下两个部分:一是公文的外部形式——格式,即国家标准规定的固定格式;二是公文的内部组织——内容,即公文的主体部分。

2012年6月29日国家质量监督检验检疫总局正式发布了由中共中央办公厅秘书局、国务院办公厅秘书局和中国标准化研究院共同负责组织起草的《党政机关公文格式》(GB/T 9704—2012)。它是对1999年制定发布的原标准的一次全面修订,从党、政两大系统公文格式、用纸纸型、排布规则、印刷要求到格式各个要素的标志术语、标志位置,都出现了一系列重大的突破与变化。这种突破与变化是公文处理工作朝着科学化、规范化、制度化前进的需要,也是公文改革方面的一项重大举措。新标准还十分注意与国际通行的标准接轨,这有利于推动我国公文处理工作的国际化进程,是我国公文规范化建设的一个重要里程碑。

一、现行公文格式的特点

1.适用性

为了有利于我国公文用纸与国际用纸标准接轨,现行公文格式中规定要采用A4型纸张,其成品幅面尺寸为210 mm×297 mm,这无形中宣告了16开型(260 mm×184 mm)纸张已经退出公文的历史舞台。

对于发文机关标志,现行公文规格要求由发文机关全称或规范化简称后加"公文"组成;对信函、命令、会议纪要等一些特定的公文,也可只标注发文机关全称或规范化简称,这一规定也是公文格式上的一个新举措。

2.统一性

现行公文格式要求,公文版式统一由发文机关全称或者规范化简称加"公文"二字组成,也可以使用发文机关全称或者规范化简称,使其保持一致。

对于现行公文格式的"发文机关标志",党的机关称其为"版头",行政机关称其为"发文机关标志";对于"份号",党的机关称其为"份号",行政机关称其为"公文份数序号";对于"发文机关署名",党的机关称其为"发文机关署名",行政机关称其为"落款",即"公文生效标志";对于"附注",党的机关称其为"印发传达范围",行政机关称其为"附注";对于"印发机关和印发日期",党的机关称其为"印制版记",行政机关称其为"印发机关和时间"。

3.严密性

作为国家标准,最重要的是设计严密。只有严密,才谈得上是标准,才具有可操作性,才有利于制止实际工作中的随意性。现行公文格式明确提出了公文格式中的"版心",规定版心尺寸为"156 mm×225 mm(不含页码)";在排版规格上,规定每页面排 22 行,每行排 28 个字;在制版要求上,规定"版面干净无底灰,字迹清楚无断划,尺寸标准,版芯不斜,误差不超过 1 mm,对印刷的要求是"双面印刷,页码套正,两面误差不得超过 2 mm";在发文机关标志方面,要求其上边缘至版心上边缘为 35 mm。

二、公文的组成要素与一般项目的要求

党政机关公文的组成要素主要包括份号、密级和保密期限、紧急程度、发文机关标志、发文字号、签发人、标题、主送机关、正文、附件说明、发文机关署名、成文日期、印章、附注、附件、抄送机关、印发机关和印发日期、页码等。

对一般项目有如下要求。

1.公文用纸

公文用纸一般使用纸张定量为 $60\sim80$ g/m^2 的胶版印刷纸或复印纸,纸张白度为 $85\%\sim90\%$,横向耐折度大于等于 15 次,不透明度大于等于 85%,pH 值为 $7.5\sim9.5$。

由于公文的特殊地位,一方面要考虑其外观严肃、庄重,另一方面要考虑其频繁使用和作为档案长期保存的要求,因此对公文用纸的技术指标必须作出相应的规定。

公文用纸是质量为 $60\sim80$ g/m^2 的胶版印刷纸或复印纸,它综合考虑了公文用纸的经济性和美观性。经济条件相对差一些的单位可以采用纸张质量不低于 60 g/m^2 的胶版印刷纸,一般公文用纸可以采用 70 g/m^2 的胶版印刷纸。对于一些使用高档印制设备的单位可以采用纸张质量不高于 80 g/m^2 的胶版印刷纸或复印纸。这种相对灵活的规定避免了"一刀切"的

做法,各使用单位可根据自己的情况具体掌握,只要不低于下限或不高于上限均是符合标准的。

公文用纸的纸张白度为 85%~90%。纸张白度如果过低,看上去纸张较黑,如同报纸一样,很不庄重;纸张白度过高,反光度加大,看上去晃眼,特别是在晚间,对视力影响很大,时间长了会使眼睛很不舒服。

公文用纸的横向耐折度大于等于 15 次是因为公文用纸的纸张不能太脆,必须保证其具有一定的柔韧性。很多公文需要在较多的层级传阅、流转,如果公文用纸过脆,没看几次纸张发生断裂,公文就不能完整地保存,这将直接影响公文效力的发挥。

公文用纸的不透明度大于等于 85% 是为了保证公文不使用透明度过高的纸张。如果公文用纸的透明度过高,在正反两面所印的文字就会出现相互洇透,看上去文字很花、很乱,导致印制质量不高,影响公文的阅示传看。这也是公文用纸的一项重要指标。

公文用纸的 pH 值为 7.5~9.5,这是根据国家档案局制定的行业标准《公文用纸耐久性测试法》(DA/T 11—1994)中的相关规定确定的。

这项行业标准规定,存档时间在 200 年以上的一般耐久纸,其用纸的 pH 值应为 7.5~9.5。出于将公文作为档案长期保存和使用的需要,因此有必要对此项指标加以规定。公文用纸采用《印刷、书写和绘图纸幅面尺寸》(GB/T 148—1997)中规定的 A4 型纸,其成品幅面尺寸为 210 mm × 297 mm。

2. 版面

(1) 原文页边与版心尺寸。

公文用纸天头(上白边)为 37 mm±1 mm,公文用纸订口(左白边)为 28 mm±1 mm,版心尺寸为 156 mm×225 mm。

(2) 字体和字号。

如无特殊说明,公文格式各要素一般用 3 号仿宋体字。特殊情况可以作适当调整。

(3) 行数和字数。

一般每面排 22 行,每行排 28 个字,并撑满版心。特殊情况可以作适当调整。

(4) 文字的颜色。

如无特殊说明,公文中文字的颜色均为黑色。

3.印制装订要求

（1）原文制版要求。

版面干净无底灰,字迹清楚无断划,尺寸标准,版心不斜,误差不超过1 mm。

（2）印刷要求。

双面印刷,页码套正,两面误差不超过 2 mm。黑色油墨应当达到色谱所标 BL100％,红色油墨应当达到色谱所标 Y80％、M80％。印品着墨均匀;字面不花、不白、无断划。

（3）装订要求。

公文应当左侧装订,不掉页,两页页码之间误差不超过 4 mm,裁切后的成品尺寸允许误差为±2 mm,四角成 90°,无毛茬或缺损。

骑马订或平订的公文应当:① 订位为两钉外订眼距版面上、下边缘各70 mm处,允许误差±4 mm;② 无坏钉、漏钉、重钉,钉脚平伏牢固;③ 骑马订钉锯均订在折缝线上,平订钉锯与书脊间的距离为 3～5 mm。

装订公文的封皮(封面、书脊、封底)与书心应吻合、包紧、包平、不脱落。

三、公文的组成部分与项目

党政机关公文版面一般由三大部分构成,即把公文各要素分别纳入"版头""主体""版记",共同组成公文的"版心"。以"版头""主体""版记"三个部分划分,重要的一点是这三个部分既各具特点,又各具相对的独立性,界限比较明显。公文首页红色分隔线以上的部分称为版头;公文首页红色分隔线(不含)以下、公文末页首条分隔线(不含)以上的部分称为主体;公文末页首条分隔线以下、末条分隔线以上的部分称为版记。

此外,公文的页码位于版心以外。

（1）"版头"的特点是其位置相对固定。只要掌握了所含各要素位置的规定,就可以设计公文的"红头"部分。它包括份号、密级和保密期限、紧急程度、发文机关标志、发文字号、签发人等。

（2）"主体"是公文的实质性内容部分,特点是其位置经常变动,依公文内容的长短而定。它包括文标题、正文、附件说明、成文日期、印章、附注等。

（3）"版记"是公文印发管理中的相关项记事。它包括抄送机关、印发机关和印发日期,通常置于公文最后一页,"版记"的最后一个要素应置于最后一行。版记的特点是其位置依公文主体的构成而定。按规定,公文要双面印刷,便存在"版记"的位置位于哪一面的问题;如果公文有附件,还存在"版记"是放在正文后还是放在附件之后的问题。因此,"版记"有必要作为一个单独部分加以叙述。

就公文的版面作一个形象的比喻:将"版头"称为公文的"头","主体"称为公文的"身","版记"称为公文的"脚"。把公文各要素分为"头""身""脚"三部分,既便于从总体上掌握其联系,又便于对其进行"解剖",掌握其区别。

第二节 公 文 版 头

公文版头是公文的必要标记,它标明了公文制发机关以及签发人,具有醒目、严肃等特点,体现了公文作者法定的权威性等,包括份号、密级和保密期限、紧急程度、发文机关标志、发文字号、签发人、分隔线等七个方面的内容。

一、份号

一份公文,可以只有一份,如"请示"公文,也可以是多份,如普发性"通知",这视其需要而定。多份的公文,就有标注份号的必要。

如需标注份号,一般用 6 位 3 号阿拉伯数字,顶格编排在版心左上角第一行。

二、密级和保密期限

1.含义

密级是指国家事务秘密程度的等级。为了更好地维护国家安全和利益,密级依照法定程序而确定,并为相应的法规制度所保护。

2.密级的分类和期限

按照国家的划定,密级包括"绝密""机密""秘密"三个等级。

(1)"绝密":最重要的国家秘密,一旦泄露会使国家的安全和利益遭受特别严重的损害。绝密也叫"核心秘密",如军事工业中的核武器、战略导弹、核潜艇等战术技术性能及这些武器的生产储存数量、作战频率等都是必须确保的"核心秘密",也就是"绝密",其保密期为 30 年。

(2)"机密":重要的国家秘密,一旦泄露就会使国家的安全和利益遭受严重的损害。如我国研制的具有国际先进水平的、经济价值较高的药品的成分、工艺、技术等都被列为机密。这些东西泄露出去会给国家的经济利益造成严重损害。其保密期为 20 年。

（3）"秘密"：指一般的国家秘密，一旦泄露会使国家的安全和利益受到一般的危害和损失。其保密期为 10 年。

3. 规范要求

如需标注密级和保密期限，一般用 3 号黑体字，顶格编排在版心左上角第二行；保密期限中的数字用阿拉伯数字标注。

此外，公文还有内部公文与公开性外发公文的区别，在此不一一赘述。

三、紧急程度

1. 含义

紧急程度是对公文传递和办理速度的要求。标明紧急程度，是为了引起特别注意，以保证公文的时效，确保紧急事项的及时处理。公文处理必须做到及时、准确、安全。

公文行文时应根据其紧急程度，分别标明"特急""急"（或"加急"）；在特殊情况下，也可以标明"在×日×时送达"。

2. 级别

按办理的紧急程度划分，公文可分为特急公文（特急）、紧急公文（急件）、常规公文（平件）。

（1）特急公文是指事关重大而又十分紧急，要求以最快的速度形成、运转和办理的公文。

（2）紧急公文是指导涉及重要工作而需要急速形成、运转和办理的公文。

（3）常规公文是指可以按正常速度形成、运转和办理的公文。常规公文也要及时办理。

3. 规范要求

如需标注紧急程度，一般用 3 号黑体字，顶格编排在版心左上角；如需同时标注份号、密级和保密期限、紧急程度，要按照份号、密级和保密期限、紧急程度的顺序自上而下分行排列。

四、发文机关标志

1. 含义

发文机关标志是指发文机关用来制发正式公文时使用的具有固定版式的标识。发文机关即制发公文的单位，必须在公文版头中标注。

2.结构

发文机关标志由发文机关全称或者规范化简称加"公文"二字组成,也可以使用发文机关全称或者规范化简称。

3.规范要求

发文机关标志居中排布,其上边缘距版心上边缘 35 mm,推荐使用小标宋体字,颜色为红色,以醒目、美观、庄重为原则。

联合行文时,如需同时标注联署发文机关名称,一般应当将主办机关名称排列在前;如有"公文"二字,应当置于发文机关名称右侧,以联署发文机关名称为准上下居中排布。

五、发文字号

1.含义

发文字号又称发文编号、文号,它是发文机关在某一年度内所发各种不同公文总数的顺序编号。发文字号由发文机关的办公厅(室)负责统一编排。

发文字号需要体现一定的含义,如"国办发〔1996〕2 号",即说明这是国务院办公厅在 1996 年所发出的第 2 号公文;"人外发〔1994〕1 号"即为人事部外事司 1994 年发出的第 1 号公文。

机关代字一般由两个层次组成。第一个层次是发文机关代字,第二个层次是发文机关主办公文的部门的代字。如铁道部公文的机关代字有"铁办""铁财"等,"铁"代表铁道部,"办""财"代表主办这份铁道部公文的铁道部的办公部门、财务部门。读懂机关代字很重要,特别是知道了公文的主办部门是谁,可以比较准确地对公文进行分办、查询和保存归档。有的机关代字还包含其他的层次,如国务院发文的机关代字有"国发""国函","国"代表国务院,而"发"和"函"则代表"国务院公文"和"国务院函"这两种发文形式。有的公文机关代字有七八个、十几个字之多,可能各有其所代表的层次,但需尽量简化。

2.规范要求

编排在发文机关标志下空两行的位置,居中排布。年份、发文顺序号用阿拉伯数字标注;年份应标注全称,用六角括号"〔〕"括入;发文顺序号不加"第"字,不编虚位(即"1"不编为"01"),在阿拉伯数字后加"号"字。

上行文的发文字号居左空一字编排,与最后一个签发人姓名在同一行。

六、签发人

1.含义

签发人就是签发公文的人,签发人一般为单位的正职或者主要领导授权人。在报送上级机关的公文中,发文机关的负责人应签署其姓名。如果只有一个发文机关,由该机关负责人签署其姓名;如果是联合行文,则每个单位的负责人都应签署其姓名,这称为会签。

2.规范要求

由"签发人"三字加全角冒号和签发人姓名组成,居右空一字,编排在发文机关标志下空两行的位置。"签发人"三个字用3号仿宋体字,签发人姓名用3号楷体字。

如属会签,签发人姓名按照发文机关的排列顺序从左到右、自上而下依次均匀编排,一般每行排两个姓名,回行时与上一行第一个签发人姓名对齐。

版头中的分隔线往往也被认为属于版头的组成部分,它位于发文字号之下4 mm处,是居中的一条与版心等宽的红色线,起分隔版头与主体的作用。

七、分隔线

发文字号之下4 mm处居中印一条与版心等宽的红色分隔线。

第三节 主 体

一、标题

1.含义

公文的标题是标明公文内容的简短语句。常言道:看书先看皮,看报先看题。标题的准确恰当,对了解公文的内容,更好地发挥公文的作用有着不可替代的作用。

2.规范要求

一般用2号小标宋体字,编排于红色分隔线下空两行的位置,分一行或多行居中排布;回行时,要做到词意完整,排列对称,长短适宜,间距恰当,标题排列应当使用梯形或菱形。

3. 标题的排列布局

具体而言,公文标题仅有内容美是不够的,还要讲求形式美。所谓形式美,是指将构成公文标题的各内容要素即发文机关、事由和文种诸要素在文面上妥当、合理地进行排列布局,使其清晰整洁、醒目匀称,给人以美感。按规定,公文标题可分一行或多行居中排布;回行时,要做到词意完整,排列对称,间距恰当。

概括起来,对公文标题的排列布局大体分为以下 3 类 13 种。

(1)单行式。此种标题一般字数较少,排列时应将其置于一行的正中,两边空出相等距离,以示标题鲜明醒目,匀称美观。例如:

中共中央关于整党的决定

又如:

抗震救灾和灾后重建工作会议纪要

(2)双行式。此种标题分上、下两行排列,其字数相对较多,如挤占一行则有失美观,在这种情况下,即分双行排列。它又包括如下 3 种情形:

① 上、下等长(又称两行等长)。例如:

中共中央关于接收宋庆龄同志
为中国共产党正式党员的决定

② 上短下长。例如:

中共中央、国务院
关于加强职工教育工作的决定

③ 上长下短。例如:

全国人民代表大会常务委员会
关于教师节的决定

(3)多行式。此种标题一般分上、中、下三行(少数在三行以上)排列,字数较多,尤其在批转或转发性公文标题之中较为常见。它又包括如下 9 种情形:

① 正梯型。例如:

国务院关于提请审议
《中华人民共和国外商投资企业
和外国企业所得税法(草案)》的议案

② 倒梯型。例如:

全国人民代表大会常务委员会

关于设立国防科学技术

工业委员会的决议

③ 上下短、中间长。例如：

国务院批转进出口管理委员会

国家经济委员会《关于建立中国工艺美术

行业协会的报告》的通知

④ 上下长、中间短。例如：

国家经济计划委员会、国家科学技术委员会

国家标准总局关于印发《采用

国际标准管理办法（试行）》的通知

又如：

公安部关于认真贯彻落实中央领导同志

重要指示精神全力以赴投入抗震救灾

切实做好维护社会稳定工作的紧急通知

⑤ 上短、中下等长。例如：

国务院批转卫生部关于

全面深入贯彻预防为主方针进一步

加强预防保健工作若干意见的通知

⑥ 下短、上中等长。例如：

国务院对中国人民银行《关于加强金银配售

管理，制止企业不合理使用、出售金银问题

的报告》的批示

⑦ 上长、中下等短。例如：

××市财政局、税务局关于转发

财政部有关落实财务

政策开支问题的通知

⑧ 下长、上中等短。例如：

国务院批转人口普查领导小组

公安部关于在第四次全国人口

普查前进行户口整顿工作报告的通知

⑨ 上中下等长。此种标题字数相对较多，尤其以批转、转发性通知最为常见。例如：

中共中央办公厅转发《中共中央宣传部关于
马克思主义理论研究和建设工程实施以来的
工作情况和今后 5 年工作设想的报告》的通知

可以看出,上述诸种公文标题的排列方式都能给人以一定的形式美感。值得注意的是,公文标题的排列应尽可能控制在 3 行以内,否则应在内容表达上尽量求简,以充分发挥其应有的作用。

此外,要做到形式美,还必须注意掌握几个具体问题:第一,按照规定,公文标题"可分一行或多行居中排列。"如果字数较少,则居中排成一行。对于只有两个字的标题如"布告""通告""公告"等,排列时字与字之间要适当空出一定的距离,既不能过分"拥挤",也不能流于松散,一般以空出 3～5 字为宜;如果字数较多,排列时超过一行的 3/5 以上的,则应分成两行或三行。要尽量避免四行甚至更多行数标题的出现。第二,要注意保持词或词组的相对完整性,不要随意割裂,将其分置两行之中。如果这样,即使各行字数匀称相等,也不符合公文标题的形式美要求。第三,对于标题中的标点符号,应将其与正文中的标点符号同等对待;但是,双行或多行排列的标题,每行末尾的标点符号可以省略。

总之,公文标题的制作要着意讲求美,既要有美的内容,又要有美的形式,并将二者有机地结合起来,达到高度的统一。讲求标题美,建立公文标题的美感机制,是公文发展的客观需要。

二、主送机关

1.含义

主送机关与抄送机关是公文的重要内容。主送机关,是指公文的主要受理机关,即对公文负主办或答复责任的机关,应当使用全称或者规范化简称、统称。

2.规范要求

编排于标题下空一行位置,居左顶格,回行时仍顶格,最后一个机关名称后标全角冒号。如主送机关名称过多导致公文首页不能显示正文,应当将主送机关名称移至版记,标注方法参见本章第四节。

3.标注主送机关必须注意的问题

(1)选准公文主送的对象。

收文机关主要分为主送机关和抄送机关。主送机关对收到的公文负有主办、答复之责,抄送机关只有了解与配合执行之责。因此,行文首先要选准主送机关。

要选准主送机关还要注意如下几点。

① 避免出现行文中的党政不分现象。行政机关与党委机关分属于不同的组织系统,自上而下各有各的隶属关系,各有各的职权范围。

② 仔细斟酌上行文的主送机关。

③ 联合向下行文的主送机关基本上与发文机关一一对应。若干个同级部门联合向下行文,其主送机关通常应是与发文部门一一对应的下级部门。

(2) 选对主送机关的标注形式。

确定公文的主送机关后,还要正确选择标注主送机关的形式。主送机关常见的标注形式有 3 种。

① 全称。只要主送机关名称不是很长,都可以采用这种形式,但普发性公文除外。

② 规范化简称。这种形式可以浓缩那些常用但是较长的机关名称,使之简练上口。

③ 统称。统称就是同级或者同类型机关概括性的总称,一般用于下行文。统称具体又分 2 种:一种为"泛称主送";另一种为"递降称主送"。

"泛称主送"是下行普发公文经常使用的主送形式。它时常涉及同一级不同类的若干机关,必须注意排列顺序。一般来说,它有如下排列原则。

一是"先外后内"顺序,即把同是下一级的各地方政府放在前,本机关的职能部门放在后。如国务院下行文常用的主送形式:"各省、自治区、直辖市人民政府,国务院各部委、各直属机构",就是地方政府在前、部委在后。再如各省政府下行文经常采用的主送形式"各行政公署,各市、县人民政府,省政府各直属单位",也是政府在前,直属单位在后。

二是"党政军群"的先后顺序。这个原则在党的公文中体现得最为明显。如中共中央普发公文常用的主送形式为:"各省、自治区、直辖市党委,各大军区党委,中央各部委、国家机关各部委党组(党委),军委各总部、各军兵种党委,各人民团体党组",便是"先外后内"与"党政军群"两个排列原则有机结合的体现。

三是标点符号的使用顺序。在"泛称主送"中,标点符号的使用也是有规律的。通常是同级同类机关之间用顿号,同级不同类的机关之间用逗号,主送机关结束之后用冒号。

递降称主送,是指公文主送给垂直几级的同类各单位,如"各行政公署,各市、县人民政府"。"递降称主送"的排列,起突出作用的还是"先上后下"、按级别排列的原则;在此基础上兼顾"先外后内"与"党政军群"的原则。

一个公文的主送机关采用何种形式标注,取决于行文方向、主送机关数量、主送机关名称的长短等多种因素,文秘人员必须在综合考虑的基础上加以确定。

(3) 选好主送机关的位置。

国家质量技术监督局发布实施的《党政机关公文格式》(GB/T 9704—2012)为公文的主送机关安排了前后两个位置。

① 在正文之前、公文标题下空 1 行处。

② 在公文的版记处。

(4) 公文并非都标注主送机关。

公文的一些文种通常是不需要标注主送机关的,例如直接向社会公众发布的周知性公文如公告、通告、布告,规范性公文如章程、条例、规定、办法,计划性公文如方案、规划、计划,还有决议、决定、会议纪要,等等。

前国务委员、国务院秘书长王忠禹同志曾在全国政府系统秘书长办公厅主任会议上作题为《认清形势 服从大局 努力做好新形势下政府办公厅工作》的讲话中指出:"公文运转最忌两大弊端,一是横传,二是直送。有些应按正常程序报送国务院的公文,不是走正常渠道通过国务院办公厅传递而是绕过规定程序直接送给领导同志本人或以其他方式报送。这些公文往往没有按规定征求有关方面意见,没有按规定进行审核,很容易造成工作被动,甚至出现矛盾。"王忠禹同志提出,为了改变横传、直送现象,必须加强在行文对象方面的规范,要求行文机关根据其隶属关系、职权范围及公文的性质、内容,正确选择主送机关与抄送机关。这是公文能否得到及时处理的关键。

关于主送,行文应当根据公文的内容及发文、收文机关的隶属关系及职权范围确定主送机关,上行文应当坚持一个主送机关的做法,不能多头主送。多头主送往往造成受文机关之间相互推诿或产生矛盾、抵触,反而不利于尽快解决问题。确定上行文主送机关的规范为:

① 请示,一般只写一个主送机关,需要同时送其他机关的,应当采用抄送形式。

② 受双重领导的机关向上级机关行文,应当根据公文内容,即针对具体公务活动的职权归属写明主送机关和抄送机关。

③ 除上级机关负责人直接交办的事项外,不得以机关名义向上级机关负责人报送"请示""意见"和"报告"。

三、正文

1. 含义

正文指公文的主体部分,是公文的核心。

2. 规范要求

公文首页必须显示正文。一般用 3 号仿宋体字,编排于主送机关名称下一行,每个自然段左空二字,回行顶格。文中结构层次序数依次可以用"一、""(一)""1.""(1)"标注;一般第一层用黑体字、第二层用楷体字、第三层和第四层用仿宋体字标注。

正文撰写技巧参见第四章。

四、附件说明

1. 含义

附件是公文正文的说明、补充或者参考资料。有附件,必然有附件说明,它是正文的组成部分。

2. 规范要求

如有附件,在正文下空一行左空二字编排"附件"二字,后标全角冒号和附件名称。如有多个附件,使用阿拉伯数字标注附件顺序号("附件:1.×××××");附件名称后不加标点符号。附件名称较长需回行时,应当与上一行附件名称的首字对齐。

五、发文机关署名、成文日期和印章

1. 含义

署名,通常指签署名字。这里指在印制公文时把发文机构即公文制发单位的名字印在公文末端的意思。

成文日期,通常指某一个确定的日子或时期,这里指公文生效的日期。

印章,用作印于公文上表示签署的标识,具有取信之效用。

2. 规范要求

(1) 原文加盖印章的公文。

成文日期一般右空四字编排,印章用红色,不得出现空白印章。

单一机关行文时,一般在成文日期之上、以成文日期为准居中编排发文机关署名,印章端正、居中下压发文机关署名和成文日期,使发文机关署名和成文日期居印章中心偏下位置,印章顶端应当上距正文(或附件说明)一行之内。

联合行文时,一般将各发文机关署名按照发文机关顺序整齐排列在相应位置,并将印章一一对应、端正、居中下压发文机关署名,最后一个印章端正、居中下压发文机关署名和成文日期,印章之间排列整齐、互不相交或相切,每排印章两端不得超出版心,首排印章顶端应当上距正文(或附件说明)一行之内。

(2)不加盖印章的公文。

除会议纪要(因其有特定的版式)和以电报形式发出的公文以外,公文均应加盖印章。单一机关行文时,在正文(或附件说明)下空一行右空二字编排发文机关署名,在发文机关署名下一行编排成文日期,首字比发文机关署名首字右移二字,如成文日期长于发文机关署名,应当使成文日期右空二字编排,并相应增加发文机关署名右空字数。

联合行文时,应当先编排主办机关署名,其余发文机关署名依次向下编排。

(3)加盖签发人签名章的公文。

签署是以机关领导人的名义发文,由签发公文的领导人亲笔在公文落款处签字,对于大批印发的公文可使用签名章。

单一机关制发的公文加盖签发人签名章时,在正文(或附件说明)下空两行、右空四字加盖签发人签名章,签名章左空二字标注签发人职务,以签名章为准,上下居中排布。在签发人签名章下空一行右空四字编排成文日期。

联合行文时,应当先编排主办机关签发人职务、签名章,其余机关签发人职务、签名章依次向下编排,与主办机关签发人职务、签名章上下对齐;每行只编排一个机关的签发人职务、签名章;签发人职务应当标注全称。

签名章一般用红色。

(4)成文日期中的数字。

用阿拉伯数字将年、月、日标全,年份应标全称,月、日不编虚位(即 1 不编为 01)。

(5)成文日期确定的原则。

① 会议通过的决定、决议以会议通过日期为准;

② 领导人签发的公文以签发日期为准；

③ 联合行文以最后签发机关领导人的签发日期为准；

④ 法规性公文以批准日期为准；

⑤ 一般电报、信函等则以实际发出日期为准。

(6) 情况说明。

① 公文盖印的依据是领导人的签发字样，未经领导人签发的公文不得用印。印章与公文落款要相一致。用印要注意清晰、端正，位置准确。

用印方法是，在成文日期之上，印章上弧边缘距正文在一行之内，以防添加文字、变造公文，以成文日期为准居中编排下压发文机关署名和成文日期，形成骑年压月日、上大下小之势。印章须与正文同处一个页面且有所限制。

联合行文时主办机关印章必须在前，各单位的印章不可相交或相切。

② 成文日期在公文中的位置有两种安排方式：一是安排在标题之下，年、月、日用括号括起来，这是经会议集体讨论通过批准而又不以"红头公文"（即带有红色版头的公文）形式发出且无主送标志的公文；二是安排在公文末尾，日期直接写在正文右下方。成文日期与落款要上下对称，年、月、日的第一个数字不宜超越落款第一个字。

③ 当公文排版后所剩空白处不能容下印章或签发人签名章、成文日期时，可以采取调整行距、字距的措施解决。

六、附注

1.含义
附注就是对文字的附加解释和说明。目的是让他人和自己很容易看懂。

2.规范要求
如有附注，居左空二字并加圆括号编排在成文日期下一行。

3.注意事项
上行文的"请示"文种中，应当在附注处注明联系人的姓名和电话。

七、附件

1.含义
公文正文之后需要附加的内容是公文的有机组成。

2.规范要求

附件应当另面编排,并在版记之前,与公文正文一起装订。"附件"二字及附件顺序号用 3 号黑体字顶格编排在版心左上角第一行。附件标题居中编排在版心第三行。附件顺序号和附件标题应当与附件说明的表述一致。附件格式要求同正文。

如附件与正文不能一起装订,应当在附件左上角第一行顶格编排公文的发文字号并在其后标注"附件"二字及附件顺序号。有序号时标注序号(如"附件 2");附件的序号和名称应前后保持一致。

3.需要注意的事项

附件包括公文正文的说明、补充、参考资料等。一般情况下,每一个附件都应在正文结束后另起一页放置。如附件与公文正文不能一起装订,应在附件左上角第一行顶格编排公文的发文字号并在其后标注附件(或带序号)。

第四节　版记与页码

一、版记

版记,置于公文主体之后各要素的统称,行政公文要素标识之一。

(一) 版记中的分隔线

版记中的分隔线是分隔主体与版记的线段。

版记中的分隔线与版心等宽,首条分隔线和末条分隔线用粗线(推荐宽度为 0.35 mm),中间的分隔线用细线(推荐宽度为 0.25 mm)。首条分隔线位于版记中第一个要素之上,末条分隔线与公文最后一面的版心下边缘重合。

(二) 抄送机关

1.含义

公文的抄送机关是指除主送机关(上级、平级、下级)之外的需要了解、知晓公文内容的平级和下级机关。

2.规范要求

如有抄送机关,一般用 4 号仿宋体字,在印发机关和印发日期之上一行、左右各空一字编排。"抄送"二字后加全角冒号和抄送机关名称,回行时与冒号后的首字对齐,最后一个抄送机关名称后标句号。

如需把主送机关移至版记,除将"抄送"二字改为"主送"外,编排方法同有抄送机关的情况。既有主送机关又有抄送机关时,应当将主送机关置于抄送机关之上一行,之间不加分隔线。

3. 注意事项

抄送机关要避免漏送现象发生,同时应根据实际情况严格控制数量。抄送范围得当,有助于公文处理,否则将贻误沟通或造成人力、物力的浪费。

(1) 原文应当抄送的情况。

① 请示,一般只写一个主送机关,需要同时送其他机关的,应当用抄送形式;

② 受双重领导的机关向上级机关行文的,应当根据公文内容,即针对具体公务活动的职权归属写明主送机关和抄送机关;

③ 除主送机关外,需要知晓公文的其他机关,应被列为抄送机关;

④ 向下级机关或者本系统内的重要行文,应当同时抄送直接上级机关;

⑤ 上级机关向受双重领导的下级机关行文,必要时应当抄送其另一个上级机关;

⑥ 下级机关因特殊情况必须越级请示时,应抄送被越过的上级机关;

⑦ 上级机关越级向下级机关行文时,可以抄送受文机关的直接上级机关。

(2) 原文不应当抄送的情况。

① 请示不得抄送其下级机关;

② 接收抄送公文的机关不必再向其他机关转抄、转送;

③ 凡与公文办理无关的单位一律不予抄送。

抄送机关是需要了解公文内容的机关,这些机关一般不负办理和答复公文的责任,只从中了解相关情况,或者协助、配合办理有关事项。在需要的情况下上级、下级、同级机关或不相隶属机关,都可作为抄送机关。根据现行的做法,应当使用全称或者规范化简称、统称。亦即除了"主送"之外的,悉数属于"抄送"范围,概莫能外。

确定抄送机关很容易出现两种情况:一是漏抄漏送,这样会造成工作的脱节和被动;二是乱抄滥送,这样会造成浪费,给受文机关带来不必要的负担。为了防止上述两种情况,需要理出若干条款,既在理论上清晰明白,又在实际中便于操作,以解决各级机关、单位普遍存在的这个难题。

为了防止漏抄漏送,在确定抄送机关时可以作如下考虑:第一,向下级机关主送重要公文时,应向自己的直接上级机关抄送;第二,必须越级向上行文时,应抄送被越过的上级机关;第三,受双重领导的下级机关向其中一个上级机关主送公文的同时,应抄送另一个上级机关;第四,上级机关向受双重领导的下级机关主送公文的同时,应向其另一个上级机关抄送;第五,对需要了解公文内容的其他机关,或公文内容涉及需该机关的职权范围,在贯彻中需征得其配合时,应向这些机关抄送。

为了防止乱抄滥送,在确定抄送机关时有必要注意:第一,请示类公文不得在主送上级的同时向同级或下级抄送;第二,转发上级机关的公文,一般不需要再抄送上级机关;第三,对联合发文的机关和确定为主送的机关,不要再抄送;第四,对不具备了解公文内容资格或不必要了解公文内容的机关,不要抄送。

(三)印发机关和印发日期

1. 含义

公文印发机关是负责公文的印制工作的具体办公部门。

印发日期是公文的印制时间,一般是签发、排版、校对后正式印发的日期。一般与成文日期是同一天,也可滞后一段时间。

本章的上一节提及了公文的成文日期。公文的成文日期与印发日期是有区别的,成文日期是公文发出和生效的时间,直接关系公文的时效。公文的印发日期是指公文的交付印刷时间。在一般情况下,成文日期与印发日期可以有一定的时间差,主要原因是公文在签发之后,往往需要经过复核和印制等诸多环节,因此,印发日期可能略晚于成文日期,但绝不可能提前。

2. 规范要求

印发机关和印发日期一般用4号仿宋体字,编排在末条分隔线之上,印发机关左空一字,印发日期右空一字,用阿拉伯数字将年、月、日标全,年份应标全称,月、日不编虚位(即"1"不编为"01"),后加"印发"二字。

3. 公文印发机关和发文机关的区别

公文印发机关是负责公文的印制工作的具体办公部门,通常是公文制发机关的一个内部机构。发文机关就是公文制发的部门或单位。

(四)注意事项

版记中如有其他要素,应当将其与印发机关和印发日期用一条细分隔线隔开。

　　版记应置于公文最后一面(封四),版记的最后一个要素置于最后一行。版记一定要放在公文的最后,即公文的最后一面的最下面的位置。这样规定是为了保证公文的完整性。因为公文的开始部分很明显,即印有红头的首页,而结束部分就是本标准规定的版记。这样,红头与版记之间的所有部分都是公文不可缺少的部分,由此可以确定版记的位置,更可以准确认定公文是否完整。在实际操作中会遇到以下情况:

　　① 公文主体之后的空白容不下版记的位置,需另起一页标识版记,此时版记要放在最后一面,即使前一面完全空白也没有关系。

　　② 公文的篇幅如果在一个折页(即有四面)以上,这时公文的页数一般应是4的倍数,此时版记也一定要放在最后一面,而不管前面的空白页面有多少(一般不会超过3面)。

　　③ 公文有附件。如果附件最后的空白能够容下版记,而该页又正好是4的倍数,此时版记应置于该空白处,以免造成不必要的浪费。如果附件是被转发的公文,该公文后面也有版记,此时被转发公文的版记不能代替转发公文的版记,转发公文还应标识自己的版记。

二、页 码

1.含义

　　页码是指在公文的每一页面上标明次序的数字号码,即公文每一页面上标明次第的数字。页码用以固定每一页面的位置、统计每一份公文的面数,便于管理与利用。

2.规范要求

　　一般用4号半角宋体阿拉伯数字,编排在公文版心下边缘之下,数字左右各放一条一字线;一字线上距版心下边缘7 mm。单页码居右空一字,双页码居左空一字。公文的版记页前有空白页的,空白页和版记页均不编排页码。公文的附件与正文一起装订时,页码应当连续编排。

3.注意事项

　　因为公文都要双面印刷,所以单页的页码放在右下,双页的页码放在左下,才能保证页码位于切口(手翻的地方)。

第三章 法定公文的组织

第一节 命 令

一、命令概述

(一) 适用范围和特点

命令(令)适用于公布行政法规和规章、宣布施行重大强制性措施、批准授予和晋升衔级、嘉奖有关单位和人员。

通常只有中华人民共和国主席、中华人民共和国国务院总理、各部部长、委员会主任以及县以上地方各级人民政府才有权发布命令,它具有很强的指挥性和权威性。即使是县级人民政府,一般也只有在遇到特大突发事件时,才使用命令。

命令的特点:① 权威性,具有使人信服的力量和威望,让人毋庸置疑;② 指挥性,安排与限定了行为者的行为;③ 强制性,不能有任意性或自由选择的意识或行为的存在。

(二) 结构模式

1. 标题

命令的标题有两种形式:

一是命令(令)专用标题。由发令机关(或领导人职务)＋令组成。若已将这类标题列为专用版头(公文名称),版头(公文名称)与标题则合二为一了。

另一种是公文式标题。由发文机关＋事由＋文种组成,如《国务院、中央军委关于授予胡笑云、吴承志武警少将警衔的命令》。

2. 主送机关

主送机关有两种形式:

一种是多数命令,如公布命令、行政令等,因是"号令天下,一体周知",故可不必在正文前表明主送机关。确有必要时,可在抄送机关栏上方标注"主送"或"分送"机关。

另一种是少数命令,如嘉奖令,可在正文前写明主送机关。

3.正文

除少数行政令、嘉奖令外,命令(令)篇幅一般都比较短。视其内容多少,可分别采用片段合一式、多段式或者分条式的结构。不同类型的命令(令),其正文写法有所不同。

4.落款

可署发文机关名称,或者法令机关领导人职务及姓名。若是以机关领导人名义发出的命令,则署领导人职务及姓名。署名之后写上成文时间,即发令日期。

二、范例

例文一

1.原文

北京市人民政府令

《北京市人力客运三轮车胡同游特许经营若干规定》已经 2007 年 8 月 1 日市人民政府第 69 次常务会议审议通过,现予公布,自 2007 年 10 月 1 日起施行。

市长　王岐山

二〇〇七年八月二十六日

2.分析

(1)标题。由发文机关名称、文种(令)构成。

(2)正文。开门见山地说明要公布的公文标题、公布依据和施行日期。

(3)落款。签署人的职务和姓名(其中姓名一般用签名章),标明成文日期。

(4)全文采用篇段合一的结构方式。开宗明义全文精要,用语规范、准确。

例文二

1.原文

中华人民共和国国务院令

依照《中华人民共和国香港特别行政区基本法》的有关规定,根据香港特别行政区行政长官选举委员会选举产生的人选,任命曾荫权为中华人民共和国香港特别行政区第三任行政长官,于 2007 年 7 月 1 日就职。

总理 温家宝

二〇〇七年四月二日

2.分析

(1) 标题。由发文机关名称、文种(令)构成。

(2) 正文。用"依照""根据"引出法律与程序依据,这是任免合法性的重要来源。接着说明被任命人员姓名和职务、就职日期。

(3) 落款。签署人的职务和姓名(一般用签名章),注明成文日期。

(4) 全文采用篇段合一的结构方式。主题明确,内容简明扼要,有理有据,用语郑重、严谨。

例文三

1.原文

国务院、中央军委关于授予丁晓兵同志
"保持英雄本色的忠诚卫士"荣誉称号的命令

公安部、中国人民武装警察部队:

丁晓兵,男,1965 年 9 月出生,现任武警一八一师五四二团政治委员,上校警衔,1983 年 10 月入伍,1984 年 10 月在遂行军事任务中英勇负伤,失去右臂。该同志入伍 20 多年来,牢记使命,献身国防,以伤残之躯续写人生辉煌篇章,先后被人事部和中国残联授予"全国自强模范"称号,被武警部队评为第八届"中国武警十大忠诚卫士",被中组部授予"全国优秀共产党员"荣誉称号,荣立一等功 1 次、三等功 2 次。他自强不息,争创一流业绩,任指导员期间,所在连队被军区评为基层建设先进连,荣立集体一等功 1 次、三等功 2 次;任营教导员和团政治处主任期间,所在单位年年被评为先进。他刻苦钻研,积极探索新形势下的带兵特点、规律,总结归纳出"心理自我调节 12 法""群众性教育 20 法"等 105 条带兵经验,被上级推广。他关爱部属,以情带兵,先后捐款 5 万多元救助 67 名家庭困难的干部战士,在他的教育帮助下,28 名后进战士被

转化,30多名战士考上军校,17名战士直接提干。为表彰先进,国务院、中央军委决定,授予丁晓兵同志"保持英雄本色的忠诚卫士"荣誉称号。

丁晓兵同志是践行"三个代表"重要思想和落实科学发展观的楷模,是保持共产党员先进性的典范。国务院、中央军委号召全体公安民警、武警官兵和全军指战员向丁晓兵同志学习,学习他爱党爱国、永葆党和人民忠诚卫士本色的崇高品质,坚决听党话,始终跟党走;学习他战时舍身、平时忘我的崇高思想境界,努力实践我军宗旨,自觉为祖国和人民的利益不懈奋斗;学习他心系基层、情注士兵的高尚情操,坚持为基层官兵做好事、办实事、解难事;学习他自强不息、奋发有为的进取精神,立足本职岗位争先创优、建功立业。

广大官兵要以丁晓兵同志为榜样,高举邓小平理论和"三个代表"重要思想伟大旗帜,牢固树立和落实科学发展观,爱岗敬业,无私奉献,为构建社会主义和谐社会,更好地履行新世纪新阶段我军历史使命而努力奋斗!

国务院总理 温家宝
中央军委主席 胡锦涛
二〇〇六年十二月五日

2.分析

(1)标题。由发文机关名称、事由、文种三部分构成。

(2)正文。开篇简要说明了丁晓兵的基本情况。第一段用简短的文字交代了丁晓兵入伍二十多年来不平凡的生命历程和先进事迹。最后一句话交代了行文目的和组织决定,点明了公文主题。第二段是组织对丁晓兵的评价。使用"学习他"的排比句,凝练地概括其崇高品质和不断进取的精神,便于读者理解和学习。最后一段对广大官兵发出了学习的号召,提出了学习的要求和目标。

(3)落款。落款人的职务和姓名,其中姓名一般用签名,标明成文日期。

(4)全文运用逻辑递进的方式安排结构,内容充实,语言平实生动,充分说明了丁晓兵事迹的先进性,具有很强的说服力。

例文四

1.原文

××市防汛指挥部通令嘉奖××乡

××乡防汛指挥部在二〇××年八月八日上午,坚决地贯彻执行了市防汛指挥部抢修××大坝的紧急指示,战胜了××河突然到来的洪峰,使处在危急的××区××河堤化险为夷。特此通令嘉奖。望再接再厉,为取得防汛斗争的彻底胜利而奋斗。

总指挥××

政治委员××

二〇××年×月×日

2.分析

此嘉奖令写得简明扼要,严肃庄重,短而有力,确实是一篇较好的公文,但按照公文的规范化要求,尚有不足之处。

(1)标题。标题不规范,是此文最突出的病误。这种内容比较单一、行文比较简短的嘉奖令,标题可以省略事由。此文标题却不伦不类,主要是因为其文种不明确。它把对××乡的嘉奖令变成了"通令嘉奖××乡",这将文种湮没于事由之中,致使标题缺少了文种,可修改为"××市防汛指挥部嘉奖令"或"××市防汛指挥部关于嘉奖××乡的命令"。

(2)正文。有两个地方值得斟酌,应做适当修改。

①"××乡防汛指挥部在二〇××年八月八日上午,坚决地贯彻执行了市防汛指挥部抢修××大坝的紧急指示,战胜了××河突然到来的洪峰"一句,表达不够准确,表现为:首先,语序不当。时间应放在"坚决地贯彻……"之后,否则就有"仅8日上午才贯彻执行"之意;"××河突然到来的洪峰"也欠妥。其次,不合事理,应在"战胜了……"前面加上"带领群众"几个字,否则"××乡防汛指挥部自己战胜了……洪峰"的说法令人不可思议。

②"使处在危急的××区××河堤化险为夷"一句,有语法问题。"处在"是介词,"危急"是形容词,仅这两个词语搭配不能组成完整的介词结构。应为"处在危急中的……",或"处在危急情况下的……",或"处在危急状态的……";也可将"处在"改为名词"处境"。

此外,从发布者角度考虑,此嘉奖令由市人民政府发布较为合适。

第二节　决　　议

一、决议概述

（一）适用范围和特点

决议适用于会议讨论通过的重大决策事项，通过会议审议、讨论、通过而形成的公文。

它的主要特点：

（1）程序性。同其他公文的制定程序不同的是，决议必须经过符合法定人数的会议讨论通过。它体现了少数服从多数的民主集中制原则，体现了集体领导和集体智慧，体现了决策的民主化。决议比决定更具有严肃性，必须按决定程序和组织原则办事。

（2）权威性。由权威性权力机关作出的决议具有普遍的约束力，全体公民都必须遵守；党、团组织作出的决议，在本组织的范围内都必须坚决执行。中国共产党的决议，各级国家机关也必须坚决执行。

（3）相对稳定性。决议一经会议讨论通过，要修改或废止，必须经过同样的会议审议通过，否则，不能随意变动。

（二）结构模式

1. 标题

决议的标题有三种写法。

（1）由发文机关、主要内容、文种组成，如《中共××省委关于认真学习、坚决贯彻〈中共中央关于加强党同人民群众联系的决定〉的决议》。

（2）由会议名称、主要内容、文种组成，如《中国共产党第十一届中央委员会第五次全体会议关于为刘少奇同志平反的决议》。

（3）省略发文机关，由主要内容和文种组成，如《关于确认十一届三中、四中全会增补中央委员的决定的决议》。

2. 成文日期

决议的成文日期，不像一般公文那样标写在公文的正文之后，而是加括号标写于标题之下居中的位置。具体写法有两种情况：如果公文标题中已包括会议名称，括号内只需写明"××××年×月×日通过"即可；如果公文标题中没有会议名称,括号内要写明"委员会第×次会议××××年×月×日通过"。

《党政机关公文处理工作条例》(中办发〔2012〕14号)规定:决议适用于会议讨论通过的重大决策事项。在实践中,决议用于经会议讨论通过并要求贯彻执行的重要决策事项,与决定相比,它的适用范围相对而言比较小,只有国家的高级会议才可以作出决议,发布公文,使下级机关或全体公民遵守。

二、范例

例文一

1.原文

关于政府工作报告的决议

(2008年3月18日第十一届全国人民代表大会第一次会议通过)

第十一届全国人民代表大会第一次会议听取并审议了国务院总理温家宝所作的政府工作报告。会议认为,过去的五年,我国改革开放和现代化建设取得了举世瞩目的重大成就。会议充分肯定国务院五年来的工作,同意报告提出的2008年经济社会发展目标任务和工作部署,决定批准这个报告。

会议号召,全国各族人民在以胡锦涛同志为总书记的党中央领导下,全面贯彻党的十七大精神,高举中国特色社会主义伟大旗帜,以邓小平理论和"三个代表"重要思想为指导,深入贯彻落实科学发展观,万众一心,锐意进取,埋头苦干,协调推进中国特色社会主义经济建设、政治建设、文化建设、社会建设,为夺取全面建设小康社会新胜利而努力奋斗!

2.分析

(1)标题。结构模式为事由+文种。

(2)题注。说明决议通过的时间与批准会议的名称,这是公文生效的程序。正文末不再标注发文机关名称与成文日期。

(3)正文。主体交代审议公文的主要意见。通过"会议认为"引出对政府工作报告的评价,"同意""批准"明确表态,直接说明审议结果。结尾发出号召。使用"会议号召"引出一个段落,"贯彻""高举""贯彻落实"等动宾结构句型以及四字句的使用,凝练地概括了号召的主要内容。

(4)全文采用主体、结尾两部分结构,开篇直接说明会议听取并审议的公文名称,主题集中,内容单一,行文简洁,语言精练郑重,表意准确肯定,结尾部分富有感召力。

例文二

1.原文

××市人大常委会关于认真开展
"全民文明礼貌月"活动决议

（二○○×年五月十二日）

　　××市人大常委会第二十九次会议热烈讨论了省委宣传部、省总工会、省爱委会等十六个单位关于《动员起来,扎扎实实抓好"全民文明礼貌月"活动的联合通知》,一致表示赞同。会议高度评价了这个倡议的重要现实意义和深远意义。

　　会议认为,××市是我国最大的工业城市,国内外交往频繁,搞好××市的精神文明建设十分重要,对物质文明建设也将起到积极的推动作用。全市人民要积极行动起来,对"全民文明礼貌月"活动提出的各项要求作出显著的成绩。

　　会议要求,全市各行各业结合各自的实际情况和业务特点,在已有成绩的基础上,制订规划和具体措施,动员全市人民进一步去"脏"、治"乱"、改"差",把××建设成为一个清洁、整齐、文明、礼貌的城市。

　　会议相信,全市人民一定响应这个号召,把"全民文明礼貌月"活动既轰轰烈烈又扎扎实实地开展起来,为××市今后经常、持久、深入地进行精神文明建设打下良好的基础。

2.分析

　　《××市人大常委会关于认真开展"全民文明礼貌月"活动决议》(以下简称《决议》)写得比较简短,全文只有300多字,标题完整,各段文字大体均衡,用语庄重朴实。这都是值得肯定的。但是拆开来看毛病不少,主要是表意不清、逻辑紊乱。现按照原文顺序加以评析。

　　《决议》标题之下注明"(二○○×年五月十二日)",表明了《决议》通过的日期,这是必要的,但却不完整,缺少会议名称。会议通过的公文应在标题之下,正文之前注明会议名称和通过日期。

　　《决议》共有四段内容。第一段写的是会议对省委宣传部等十六个单位的《动员起来，扎扎实实抓好"全民文明礼貌月"活动的联合通知》（以下简称《联合通知》）的看法和态度。这一段概括性很强，只用两句话就把这个意思完整地作出了概括。但是这一段存在两处不妥：一是讨论的对象不明确。如果讨论的是《联合通知》本身，就不应有"关于"这个介词，用了"关于"这个介词，讨论的就不再是《联合通知》本身，而是它的有关方面。在《联合通知》的后面又没有表示有关方面的词语，到底讨论的是什么就不清楚了。二是"这个倡议"的提法没有写清来龙去脉。"这个"是指示代词，它只能指代前面提到的人或事物。没有先说"倡议"，就突然出现"这个倡议"。"这个倡议"从何而来？如果是把开展"全民文明礼貌月"活动看成一个"倡议"，那也应在"这个倡议"之前将其交代出来。

　　《决议》第二段写的是××市认真开展"全民文明礼貌月"活动的缘由。从这段内容可以看出，作者是从两方面来说明精神文明建设的重要性的：一方面是××市地位的重要，另一方面是精神文明建设对物质文明建设有"积极的推动作用"。但《决议》在这里所展示的却是一堆语无伦次的句子。首先是"国内外交往频繁"，令人不知所云。这是指国内与国外"交往频繁"吗？不是，因为它与××市的地位挂不上钩。其实是在这句话的前面缺少了一个表明联系的介词"同"或"与"。有"同"或"与"，就把××市和国内外联系起来了。"对物质文明建设也将起到积极的推动作用"一句缺少主语，没有指出是什么"对物质文明建设也将起到积极的推动作用"。这一段还有一句话："全市人民要积极行动起来，对'全民文明礼貌月'活动提出的各项要求作出显著的成绩"。这句话的问题更多：一是这句话是表明要求的祈使句，不适宜放在表述缘由的陈述段落中。如果后面没有说明要求的段落，将它放在这里也未尝不可，但是后面还有专门说明要求的段落（即第三段），再把它和缘由部分凑在一起就没有道理了。二是没有指出是谁"提出的各项要求"；"会议要求"没有分项，当然谈不上"各项要求"。经过查证，《联合通知》中是有五项要求的，这里所说的"各项要求"，就是《联合通知》所提到的五项要求。那么，在这里就必须指明这一点，否则会造成读者的疑惑。三是语句不通，把行动的根据"各项要求"写成行动的对象。这句话剔去枝叶，骨干就是"全市人民……对……要求作出……成绩"，不用解剖就知道其不合事理。只要将表示对象的介词换成表示根据的"按照"等介词就通顺了。

第三段写的是《决议》的要求。这一段的问题比较多。一是将祈使意义的内容误用陈述句表述，没有表现出祈使意味，只是在客观地叙述一件事情。要表现出具有要求的祈使意味，必须在"全市各行各业"后面加上助动词"要"字。二是把"在已有成绩的基础上"作为"制订规划和具体措施"的状语不恰当。三是"动员全市人民"超过了要求对象的职权范围，要求应是对"全市各行各业"提出来的。"各行各业"的覆盖面虽然很宽，具有囊括性，但是"各行各业"都只能对"各自"所属的人员行使管辖权，只能去发动本行本业的人民群众，没有权力去"动员全市人民"。这个权力只有××市的领导机关才有。

第四段是《决议》的结尾，其目的在于鼓舞全市人民为实现决议提出的目标而奋斗，但是目标的提法却表达得不准确。第三段提出通过"全民文明礼貌月"活动，"进一步去'脏'、治'乱'、改'差'，把××建设成为一个清洁、整齐、文明、礼貌的城市"，那么，这就是要实现的实际目标。实现这样的目标，是不是就能"为××市今后经常、持久、深入地进行精神文明建设打下良好的基础"呢？那是不可能的，因为精神文明建设远远不止"去'脏'、治'乱'、改'差'"，而是具有广泛的内容，一是文化建设，二是思想建设，即使"去'脏'、治'乱'、改'差'"包括了思想建设的全部，也还有一个文化建设部分，这个部分不是通过一个"全民文明礼貌月"活动就能"打下良好的基础"的。《联合通知》说："通过今年的'全民文明礼貌月'活动，为深入、持久地开展五讲四美活动打下良好的基础"，这个提法是很恰当的。

第三节　决　　定

一、决定概述

（一）适用范围和特点

决定适用于对重要事项作出决定和部署、奖惩有关单位及人员、变更或者撤销下级机关不适当的决定事项。

决定是建立在具有全局性基础上的指令性、规范性公文。从系统整体及其全过程出发，调节系统内部个人和组织、组织和组织、上级和下级、局部和整体之间关系的行为并加以规范。要求组织从整体和长期的角度进行决策与工作，保证在整体健康发展的基础上，由上级按隶属关系下达，要求执行的单位和个人合规和标准地完成。

（二）结构模式

1.标题

一般有两种构成形式：一种由发文机关、事由和文种构成，如《国务院关于加快发展中西部城区乡镇企业的决定》；另一种由事由和文种构成，如《关于严惩危害社会治安的犯罪分子的决定》。

2.题注

注明做出决定的会议名称和日期，如《八届全国人大五次会议关于批准设立重庆直辖市的决定》标题下的"1997 年 3 月 14 日第八届全国人民代表大会第五次会议通过"。

3.正文

决定的正文一般由决定根据、原因、目的、意义组成。决定的种类不同，实际需要不同，内容的详略程度也不同。对决定来说，要使决定的贯彻落实顺利、彻底，就要使受文对象深入理解决定内容，充分认识决定的价值，因此，做出决定的部门用笔就多一些，有的甚至要分段论述。这一部分写完后，一般以"特作如下决定""现决定如下"等用语过渡到决定事项部分。

决定事项部分是决定的主体部分，要根据具体内容，并结合实际情况需要写清楚。如对某项工作确定原则，提出要求、作出规定、提出措施办法，对某人表明态度、作出安排，对某一公文表示批准或修改意见等。根据不同情况，这部分可采用一段到底式、分条列项式等结构方式来安排内容。

① 一段到底式。适用于内容单一、篇幅较小的决定。

② 分条列项式。即把决定中涉及的若干问题，按照主次列成若干条项，并用数码标出来。

结语用来写明落实决定的具体要求和措施，也可提出希望、发布号召。长短视情况而定，可以单独成段，甚至分成几项，也可以与决定事项部分合在一起，甚至不写。

4.落款

要写出发文机关的全称。若标题中已有发文机关，则落款处不必再写。

5.发文日期

会议通过的决定，日期要写在标题之下，称为题注；非会议通过的决定，日期一般放在正文之后作出决定的机关名称之下，但也有放在标题之下的。

二、范例

例文一

1.原文

国务院关于 2007 年度国家科学技术奖励的决定

各省、自治区、直辖市人民政府,国务院各部委、各直属机构:

为认真学习贯彻党的十七大精神,深入贯彻落实科学发展观,大力实施科教兴国战略、人才强国战略,提高自主创新能力,建设创新型国家,国务院决定,对为发展我国科技事业、促进经济社会发展、推进国防现代化建设作出突出贡献的科学技术人员和组织给予奖励。

根据《国家科学技术奖励条例》的规定,经国家科学技术奖励评审委员会评审、国家科学技术奖励委员会审定和科技部审核,国务院批准并报请国家主席胡锦涛签署,授予闵恩泽院士、吴征镒院士 2007 年度国家最高科学技术奖;国务院批准,授予"热河脊椎动物群的研究"等 39 项成果国家自然科学奖二等奖,授予"卫星新型姿控储能两用飞轮技术"1 项成果国家技术发明奖一等奖,授予"王码五笔字型"等 50 项成果国家技术发明奖二等奖,授予"9409 工程"1 项成果国家科学技术进步奖特等奖,授予"长江口深水航道治理工程成套技术"等 19 项成果国家科学技术进步奖一等奖,授予"海水循环冷却技术研究与工程示范"等 235 项成果国家科学技术进步奖二等奖,授予英国地球物理学专家李向阳、美国材料科学与工程专家刘锦州、俄罗斯地学专家尼·列·多布列佐夫、德国生物学专家彼得·格鲁斯和国际水稻研究所中华人民共和国国际科学技术合作奖。

全国科学技术工作者要向闵恩泽、吴征镒两位院士及全体获奖者学习,继续发扬团结协作、顽强拼搏、求真务实、勇于创新的精神,坚持走中国特色自主创新道路,认真落实《国家中长期科学和技术发展规划纲要(2006—2020)年》,加快创新型国家建设,为推动经济社会又好又快发展,夺取全面建设小康社会新胜利作出更大的贡献。

国务院

二〇〇八年一月一日

2.分析

(1)标题。标题由发文机关名称、事由和文种构成。

(2)主送机关。标明主送机关,明确其主办责任。

（3）正文。第一段，利用"为……"引导的几个动宾句式简要交代了行文目的。第二段，第一句说明决定的事项，点明公文主旨。在此基础上交代奖励的依据、评审程序，表明公文内容的合法性和权威性。说明决定事项的具体内容：获奖组织、获奖人员及其所授奖项类别、名称与等级等。项目表达清晰明确。第三段，提出学习号召和要求，用 4 个四字句概括获奖者的科学精神，朗朗上口，便于理解记忆。

（4）全文由开头、主体（决定事项）、结尾（号召要求）三部分构成，结构合理，层次清楚，主题集中，内容明确，语言流畅，行文简明，体现了决定的郑重性。

例文二

1.原文

关于湖北省××县×××缝纫机厂侵犯天津缝纫

机厂牡丹牌注册商标的处理通告

湖北省××县×××缝纫机厂擅自使用天津缝纫机厂牡丹牌注册商标，经协商湖北省××县工商行政管理局查处此案。为了保护商标专用权，维护名牌产品信誉，××县×××缝纫机厂擅自使用天津缝纫机厂牡丹牌注册商标，畅销自己的产品，进行欺骗群众，以其牟利，侵犯了商标专用权，违反了商标法，根据《中华人民共和国商标法》第三十八条第一款和第三十九条的规定：对××县×××缝纫机厂使用"牡丹"牌商标，责其停止生产，所查封牡丹牌贴花予以全部销毁，并公开在《人民日报》上检讨其错误，以挽回影响。

天津市××区工商行政管理局

20××年 1 月 9 日

2.分析

这份决定，连标题和落款总共不到 300 字，却写得含糊不清，甚至句句有毛病。它不仅反映了某一级国家机关的公文水平，而且由于见诸报端，不能不使人深感遗憾。下面，逐句作出分析。

（1）标题。主要是句子成分搭配不当。说"侵犯……商标专用权"或者说"擅自使用……商标"均可，而说"侵犯……商标"则不通。另外，文字排列不当，"缝纫机厂"不应拆开分作两行。

（2）正文。

①"××县×××缝纫机厂侵犯天津缝纫机厂牡丹牌注册商标"的句子，全文共出现三次。

②"经协商……查处此案"。此句的毛病是用词不准确。一是"协同"，使主办和协办单位颠倒，天津市××区工商行政管理局则无权作出处理决定；二是"查处"包括检查和处理，而实际上，只能由双方共同检查（或由一方协助另一方），而不可能由双方共同处理。语意不完整。"经……查处此案"仅是个介词词组，其后不应使用句号；尤其是和下句没有语法联系，则不只是标点符号的错用。此句可改为："我们在……协助下对……一案进行了检查。"

③"为了保护……，维护……"也是介词词组，却接着说×××缝纫机厂如何如何，而后才说根据什么规定如何处理。这样，就把表示目的和根据的句子拆散开来，造成了层次混乱，表意不明。

④"进行欺骗群众"属于述宾词组搭配不当。"欺骗群众"本身就是个述宾词组，可将"进行"去掉。"违反了商标法"，"违反"应改为"违犯"，"商标法"应加书名号。

⑤"根据……规定：对……使用'牡丹'牌商标，责其停止生产；所查封……全部销毁，并公开……检讨其错误……"这句话的毛病更大，表现为：前后两个分句均不通；"规定"之后不应使用冒号，因冒号后面不是《中华人民共和国商标法》条款内容；"牡丹"二字用的引号也可删去。

·决议与决定的比较·

决议和决定同属决策性公文，就其反映的内容来说基本上是相同的。但决议与决定有一定的区别。最主要的区别表现在它们产生的形式上，决议必须产生于会议，它所要贯彻的决策事项，是由会议集体讨论通过的；而决定则不然，有的也产生于会议，是由会议集体讨论并按照法定程序表决的结果，也有的是由领导机关直接作出的。

在实际工作中，除了要切实掌握决议与决定的区别外，还应考虑这样一些细微的差异：

（1）机关主要领导或领导班子几个人研究决定的重要决策事项，以使用"决定"为宜；集体会议按法定程序决定的重要决策事项，则应使用"决议"。

（2）集体会议按法定程序决定的重要决策事项，也不是千篇一律地使用"决议"，这里还有一个细微的区分问题。凡属直接认可或否定的，且履行了一定法律程序的，具有原则性、号召性、指导性的重要决策事项，以用"决议"为妥；而对那些既有原则性的要求，又有具体性的规定，特别是涉及某一重要行动安排的重要决策事项，则应用"决定"。

第四节 公 报

一、公报概述

（一）适用范围和特点

公报适用于公布重要决定或者重大事项。

公报文种具有以下特点：

（1）内容上的庄严性。从公报文种的适用范围来看，它所涉及的内容有两项：一是重要决定；二是重大决策。由于它的使用者是党和国家高级领导机关，而且内容重大，因此这一文种具有庄重性和严肃性。

（2）形式上的多样性。从实践上来看，公报的发布往往既不同于一般的例行公文，也不同于用于张贴的布告，而多是通过新闻渠道刊登和播发。在这一过程中，以新闻形式发布的，则称为"新闻公报"；以党和国家领导机关名义直接发布重要决定或重大决策的，称为"发布公报"；两个或两个以上的政党、国家、社会团体的代表将会谈达成的协议通过公报公之于世的，则称为"联合公报"，等等。正因为如此，公报在发布形式上呈现出一种多样化的特征。

（二）结构模式

1. 标题

公报标题由会议名称＋文种名称组成，如"中国共产党第十四届中央委员会第二次全体会议公报"。

2. 主送机关

没有主送机关。

3. 正文

开头部分，写明会议的基本情况，包括会议的时间、地点、出席人员、主持人等。基本情况要写得简明扼要、清楚明白。

主体部分,介绍会议议定情况和主要精神。这部分内容的表达要注意层次分明。

结尾部分,提出号召、希望和要求,等等。

4.落款

写发文机关全称。若标题中已有发文机关,则落款处不必再写。

5.发文日期

属会议通过的决定,日期要写在标题之下,称为题注;非会议通过的决定,日期一般放在正文之后作出决定的机关名称之下。

二、范 例

例文一

1.原文

中国共产党中央纪律检查委员会第八次全体会议公报
（2007 年 10 月 12 日中国共产党中央纪律检查
委员会第八次全体会议通过）

中国共产党中央纪律检查委员会第八次全体会议,于 2007 年 10 月 11 日至 12 日在北京举行。中央纪律检查委员会委员 112 人出席了会议,列席了中国共产党第十六届中央委员会第七次全体会议。中央纪律检查委员会常务委员会主持了会议,中共中央政治局常委、中央纪律检查委员会书记吴官正作了重要讲话。

全会审议并通过了中共中央纪律检查委员会向党的第十七次全国代表大会的工作报告,同意将报告提请党的第十七次全国代表大会审查。

全会认为,党的十六大以来,中央纪委和各级纪委在以胡锦涛同志为总书记的党中央领导下,坚持以邓小平理论和"三个代表"重要思想为指导,深入贯彻落实科学发展观,认真履行党章赋予的职责,扎实推进党风廉政建设和反腐败工作。经过全党全社会的共同努力,反腐倡廉在继承中发展,在改革中创新,取得新的明显成效。但是,也要清醒地看到,消极腐败现象仍然比较严重,反腐倡廉形势仍然严峻,必须充分认识反腐败斗争的长期性、复杂性、艰巨性。

全会强调,要把反腐倡廉建设放在更加突出的位置,坚持标本兼治、综合治理、惩防并举、注重预防的方针,加强以保持党同人民群众血肉联系为重点的作风建设,加强以完善惩治和预防腐败体系为重点的反腐倡廉建设,在坚决惩治腐败的同时,更加注重治本,更加注重预防,更加注重制度建设,努力拓展从源头上防治腐败的工作领域,进一步提高反腐倡廉工作水平,推动科学发展,促进社会和谐,为实现党的十七大作出的各项重大决策和战略部署提供有力保证。

全会要求,各级纪委要更加紧密地团结在以胡锦涛同志为总书记的党中央周围,高举中国特色社会主义伟大旗帜,坚持党的基本路线不动摇,锐意进取,扎实工作,不断取得党风廉政建设和反腐败斗争的新成效,为夺取全面建设小康社会新胜利、开创中国特色社会主义事业新局面而努力奋斗!

2.分析

(1)标题。由会议名称、文种(公报)构成标题。以题注的方式标明公报通过的时间(成文日期),正文末不再标注。

(2)正文。第一段扼要交代了会议的总体情况:时间、地点、出席与列席情况、会议主持与重要领导人讲话。第二段表明了会议成果,审议并通过了中共中央纪律检查委员会工作报告。党风廉政建设与反腐败的形势不容乐观,为引出下一段做好铺垫。第三段强调反腐倡廉建设的重要性、方针、重点、措施、工作目标。第四段,会议对各级纪委提出了具体要求。运用"全会认为""全会强调""全会要求"等词语分别引出一个段落,表达了会议的主要内容,层次清晰。

(3)全文开头简要地交代了会议的总体情况,主体部分交代了会议的主要内容,层次清晰,行文简明,语言严谨、郑重。需公开发布,故省略主送机关。

例文二

1.原文

××市第十届人民代表大会公报

(第一号)

××市第十届人民代表大会第一次会议于2004年×月×日选出:

××市人民代表大会常务委员会主任张××

　　××市人民代表大会常务委员会副主任苏×华 朱×桃(女) 陈×玲(女)
现予公布

××市第十届人民代表大会第一次会议主席团

二○一○年×月×日

2.分析

(1)原文文种确定有误。应用"公告"而不可用"公报"。"公告"与"公报"这两个文种所涉及的内容事项及辐射范围基本相同,很容易错用。这里存在一个内容上的细微差别及使用上的习惯性问题:"公报"是党和国家的高级领导机关用来发布重大事件、重要会议、重要消息和重要决策的,或者专门部门用来公布社会发展和国家经济的重要信息的。人事任免事项,应该用"决定",或"通知",或"公告"。此处若用"公报",既与其内容有别,又不符合人大机关使用的习惯与要求。

(2)标题的附加形式不要。标题之下加括弧标注顺序号,这种形式只适合"命令",与"公报"不相符合。"公报"的标题附加形式一般是标注某年某月某日、某会议通过的字样。

第五节　公　　告

一、公告概述

(一) 适用范围和特点

公告适用于向国内外宣布重要事项或者法定事项。

从发文范围来看,公告的发布范围是"国内外",传达范围非常广。从发文机关来看,公告通常由国家最高权力机关,国家最高行政机关及其所属部门,各省市、自治区、直辖市行政机关制发;此外,某些法定机关如检察院、法院有制发公告的权力,其他行政机关、党团组织、企事业单位、社会团体等不能发布公告。从发文内容来看,公告用于宣布"重要事项"或"法定事项"。"重要事项"是指国内外普遍关注、具有极大影响力的事项,如公布国家领导人选举结果,公布国家领导人出访或者重要的外事活动,等等。"法定事项"是指根据法律规定必须使用公告发布的事项,如专利公告、商标公告、送达公告、开庭公告、招考公告等。

公告在内容属性上具有普遍性、公开性、知照性的特点。普遍性,体现为

57

常见的、有规律性的;公开性体现为公众都能知道,必须是经受得起社会讨论、监督的;知照性则体现为传达与知悉。

(二) 结构模式

1.标题

有三种写法:一种是三要素齐全的标题;一种是省略事由,只写发文机关和文种;一种是只写"公告"二字,不写发文机关和事由,这种标题形式较少。

2.文号

公告一般不编发文号。连续性公告可编文号,放在标题之下正中位置,用圆括号括起来。

3.正文

公告的正文一般由缘由、事项两部分组成。缘由用来概括发布公告的原因与根据事项指明公告的具体内容。结尾,用"特此公告""现予公告"等加句号结束,也可以不用结束语。

4.落款和发布时间

落款和发布时间可写在文属或标题下,重要的公告不但需要有发布时间,还要写发布地点。

二、范 例

例文一

1.原文

中华人民共和国商务部公告

中华人民共和国商务部于 2003 年 4 月 10 日发布该年度第 3 号公告,公布对原产于韩国、马来西亚、新加坡和印度尼西亚的进口丙烯酸酯征收反倾销税,实施期限自 2003 年 4 月 10 日起,为期 5 年。

2007 年 10 月 10 日,商务部发布 2007 年第 77 号公告,自该公告发布之日起,国内产业可在原反倾销措施终止日 60 天前,向商务部提出书面复审申请。

2008 年 2 月 1 日,商务部收到上海华谊丙烯酸有限公司等八家企业代表中国丙烯酸酯产业正式递交的反倾销期终复审调查申请,申请人请求商务部对原产于韩国、马来西亚、新加坡和印度尼西亚的进口丙烯酸酯所适用的反倾销措施进行期终复审并裁定维持该反倾销措施。

2008 年 4 月 9 日,商务部发布立案公告,决定对原产于韩国、马来西亚、新加坡和印度尼西亚的进口丙烯酸酯所适用的反倾销措施进行期终复审调查。

依据《中华人民共和国反倾销条例》第五十二条的规定,根据商务部建议,国务院关税税则委员会决定,在反倾销期终复审调查期间,对原产于韩国、马来西亚、新加坡和印度尼西亚的进口丙烯酸酯仍然按照中华人民共和国商务部 2003 年第 3 号和 2005 年第 40 号公告公布的征税范围和反倾销税税率,继续征收反倾销税。

特此公告。

二〇〇八年四月九日

2.分析

(1)标题由发文机关名称、文种(公告)构成。法定事项公告是依照法律法规等要求公开披露的信息。行文具有强制性与规范性。

(2)行文缘由:交代前期颁布的公告的时间与内容,为此公告的行文提供一个背景。

(3)行文依据:说明递交反倾销期终复审调查申请的公文依据。

(4)交代该反倾销期终复审调查申请的具体内容。

(5)同意发布立案公告,并说明在立案调查期间反倾销税的具体征收办法。

(6)全文采用开头、主体、结尾三部分结构。开头由第一、二自然段构成,交代了行文缘由与依据;主体由第三至第五自然段构成,说明收到与处理反倾销期终复审调查申请的情况;结尾以"特此公告"结束全文。公告层次清楚,内容单一,按照时间顺序说明前因后果,有理有据,表意清晰,用语郑重平实。

例文二

1.原文

中华人民共和国财政部、香港特别行政区政府
关于中央政府在香港发行人民币国债的联合公告

中华人民共和国财政部和香港特别行政区政府今日(九月八日)公告,中央政府将于二〇〇九年九月二十八日在香港发行 60 亿元人民币国债。

中央政府在香港发行人民币国债,是中央政府支持香港作为国际金融中心进一步发展人民币业务,促进香港经济社会繁荣发展的重要举措之一,亦是香港人民币业务发展的一个新的里程碑,对拓宽香港债券市场的深度与广度,以及巩固香港作为国际金融中心的地位具有重要意义。发行人民币国债将会加强内地与香港的金融合作,亦为投资者提供安全稳健的投资选择。

中华人民共和国财政部

中华人民共和国香港特别行政区政府

二○○九年九月八日

2.分析

(1)标题。例文是一份向国内外宣布重要事项的"公告",结构规范完整。

(2)正文。全文由两个自然段组成,第一部分开门见山,用极其扼要的语句交代了发布公告的主体以及公告的时间和事项,一目了然;第二部分则着重阐述了公告事项的意义与作用,由此说明行文的重要性。

(3)在香港发行人民币国债,内容重要,影响力大,因此以中华人民共和国财政部和中华人民共和国香港特别行政区政府联合行文的形式发布公告,是完全有必要的。全文层次清晰,言简意赅。

例文三

1.原文

公 告

为了贯彻我市城市建设总体规划,完成市人民政府下达给我区的向阳路扩建任务,并保证于我市成立××周年前顺利竣工,特公告如下:

一、向阳路扩建范围内的所有国营、集体单位、商店、个体摊贩、公共汽车站、停车场、邮亭,以及所有居民,限定在八六年二月十四日前搬迁完毕。

二、所有搬迁单位、居民应按区人民政府的统一安排执行。个体摊贩一律迁往和平农贸市场摆摊。

三、从二月十三日起,向阳路禁止车辆、行人通行,以保证安全施工。

四、所有搬迁单位和居民必须按此公告执行。借故不按时搬迁者,后果自负。

向阳区人民政府

向阳区城建局

向阳区公安分局

一九八二年×月××日

2.分析

这篇公告的正文写法,基本符合公告的写作要求,有依据部分、事项部分和结尾部分。结尾部分不使用常用的"现予公告""特此公告"等作结语,而使用提出要求的形式作为一项内容替代结语,有新意,有特点。但是,此公告仍有一些不足之处。

(1)相容概念并列。第一点的"所有国营、集体单位、商店、个体摊贩、公共汽车站、停车场、邮亭"中,"所有国营、集体单位"已包含"商店、公共汽车站、邮亭、停车场",按照逻辑关系,相容概念是不能并列的。因此,"商店、公共汽车站、邮亭、停车场"不应与"所有国营、集体单位"并列。

(2)年月日不应简写。第一点中的"八六年二月十四日",把一九八六年简写为"八六年"是不妥当的。按照公元年号"八六年"与"一九八六年"不是同一年。

(3)向阳区城建局、向阳区公安分局是向阳区人民政府的下属机关,是领导与被领导的关系,按照行文规则,领导与被领导机关是不能联合行文的,应去掉向阳区城建局、向阳区公安分局。

(4)这篇公告的内容是讲搬迁问题,第三点讲的是另一件事情,按照一文一事的行文要求,第三点的内容宜另外行文。

(5)文种不当,应用通告。

·公报与公告的比较认识·

从文种的适用范围看,公报与公告极其相近,其所涉及的内容均为党和国家的重要事项,而且辐射范围也相同,均面向国内外发布。但从实际情况看,二者仍然存在差别,在很大程度上取决于使用上的习惯性。比如,公布重要会议情况,多用"公报",公布党和国家领导人的重要出访活动及人事变动,多用"公告";公布重大事件,多用"公报",而公布重要消息,则多用"公告";公布有关人口普查、经济发展和国家计划执行情况,多用"公报",公布重要事项,则用"公告"。

第六节 通 告

一、通告概述

（一）适用范围和特点

通告是国家机关在一定范围内，公布应当遵守或周知事项时使用的告知性文种。它具有内容的周知性、使用的广泛性、执行的强制性等特点。周知性是一种广泛的告知性，需要广泛发布，也可以通过新闻媒体公开发表，或张贴，或口头传达；广泛性就是指受作用面比较大、比较多；强制性就是以某种力量或行动对付阻力或惯性以压迫、驱动、达到或影响，使别人服从。

（二）结构模式

1. 标题

通告的标题有三种写法：一是由发文机关、事由和文种三部分构成；二是由事由和文种构成；三是直接标出文种，这种通告一般用于在机关内部张贴。

2. 主送机关

通告的发文字号不像一般性公文那样只用常规方式，在实践中，多种情况并存。如果是政府发布通告，要有正规发文字号；如果是某一行业管理部分发布通告，则可采用"第×号"方式，标示位置在标题之下正中；一些基层企事业单位发布的通告，也可以没有字号。

3. 正文

通告正文由通告缘由、通告事项、通告要求三部分组成。通告缘由主要阐明发布通告的目的、意义，法规性通告还要写明法律依据，接着用"特作如下通告"或"现通告如下"引起下文。通告事项是正文的主体，要写明在一定范围内群众遵守或周知的事项。事项较多，一般分条例来写。结尾一般根据通告内容来提出要求，带有强调的性质，既可以作为通告事项的条文，也可以分开单列一段。有的通告结尾还指明执行的时间、范围和有效期，或者对群众提出号召和希望。

4. 落款

发文机关和日期一般标于正文后右下方。如果标题中已标有发文机关，正文后就只署日期，也有的通告将日期写在标题下的括号内。

二、范例

例文一

1. 原文

北京市人民政府
关于 2014 年亚太经济合作组织会议期间
对外省区市进京机动车采取临时交通管理措施的通告

2014 年亚太经济合作组织领导人非正式会议将于 11 月在北京召开。根据《北京市实施〈中华人民共和国道路交通安全法〉办法》和《北京市大气污染防治条例》,市政府决定,在 2014 年 11 月 3 日至 11 月 12 日期间,对外省、区、市进京机动车(含临时号牌车辆)采取临时交通管理措施。现就有关事项通告如下:

一、运输土方或渣土车辆、危险化学品运输车辆、持有黄色环保标志的车辆,全天禁止在北京市行政区域内道路行驶,北京市有关部门核发相关通行证件的除外。

二、货运机动车、低速载货汽车、三轮汽车、拖拉机、摩托车、专项作业车及未达到国Ⅲ排放标准的载客汽车,全天禁止进入北京市六环路以内道路(含六环路)和怀柔主城区以内道路行驶。但以下车辆除外:

(一)"绿色通道"车辆(即整车运送鲜活农产品的车辆,包括新鲜蔬菜、水果,鲜活水产品,活的畜禽,新鲜的肉、蛋、奶等)、邮政专用货车;

(二)经北京市运输管理部门核准、北京市公安交通管理部门备案的为北京市运送生产生活物资的车辆(以下简称生产生活物资车辆)。

三、每天 3 时至 24 时,进京的外省、区、市机动车按车牌尾号实行单号单日、双号双日行驶(单号为 1、3、5、7、9,双号为 2、4、6、8、0),"二〇〇二"式号牌和车牌尾号为英文字母的机动车按双号管理。同时,对在北京市行政区域内道路行驶的外省、区、市机动车暂停实施尾号轮换限行措施;但工作日 7 时至 9 时、17 时至 20 时,禁止在北京市五环路以内道路(含五环路)行驶。

四、省际旅游大型客车、"绿色通道"车辆、邮政专用车、生产生活物资车辆,不受单双号行驶措施的限制,但仍须办理进京通行证件。每天 6 时至 24 时,除省际旅游大型客车和邮政专用客车外,其他车辆禁止在北京市六环路以内道路(不含六环路)行驶。

五、以下机动车不受上述措施的限制:

(一) 进京执行任务的警车、救护车;

(二) 持有2014年亚太经济合作组织会议专用车辆证件的车辆;

(三) 持道路运输证件的省际客运车辆及经批准的临时入境车辆。

六、违反本通告规定的,由北京市公安交通管理部门和北京市环保部门按照国家和北京市有关规定依法处理。

特此通告。

北京市人民政府

2014年10月9日

2. 分析

(1) 标题。结构模式为"发文单位＋发文事由＋文种",中规中矩。标题字数达46个,文字过多、过长。

(2) 正文。由两部分构成。一是发布的目的与依据;二是通告事项,以分条的形式有逻辑地进行,前后衔接,内容具体明确,可操作性极强。其写法简洁利索,刚劲有力。

(3) 签署。正文后下方具体地署明了发文机关和日期。

例文二

1. 原文

××市公安局通告

为搞好交通和治安秩序,加强交通管理,经市人民政府批准,对全市公用机动车停车场实行统一管理。通告如下:

一、凡道路两侧,公共活动场所及游览地区的公用机动车停车场(包括各单位在上述范围内自建的停车场)均属公共交通设施,一律由市公安局交通管理部门统一管理,任何单位不得随意占用或改变使用性质。

二、除体育场(馆)、展览馆、火车站及大型歌剧院、饭店等处设立的专用机动车停车场外,其他公共停车场经市公安局交通管理部门审查批准,并领取工商管理部门核发的营业执照后,可以收取停车费。一律按市物价局规定的统一标准收费。

三、未经市公安局交通管理部门审核批准而收费的,从十一月十日起到十一月底止,持主办单位申请到市公安局交通管理处(地址:西四北大街大红罗厂三号)办理审批手续。凡逾期不办审批手续的,将给予取缔。

四、凡经批准收费的公用机动车停车场,必须安装市公安局制作的"收费停车场"标志,遵守市公安局交通管理部门的管理规定。

五、违反上述通告者,由公安机关和工商管理部门依照有关规定进行处理。

××市公安局

一九××年×月×日

2.分析

这篇通告的正文结构完整,条理清楚。缘由部分写得简要明了;事项部分标出序号分条列项,意思清楚,简短、通俗;结尾部分从内容来看,既是通告的一项,又可以用来收束全文,同时它又提出了必须严格遵守这个通告的要求。这个写法很简洁,有特色,有新意,不落俗套。全文有以下几点不足:

(1)原文标题与落款问题。通告的标题一般有三种:一种是写出发文机关、事由、公文种类;一种是省略发文机关;一种是为求醒目,省略发文机关和事由,只标"通告"二字。前一种情形在落款处不写发文机关,仅写发文日期。后两种情形在落款处必须写上发文机关、发文日期。这篇通告属前一种情形,落款处不应再写发文机关,只写日期就可以了。

(2)第一点"公共活动场所及游览地区"中,公共活动场所包含游览地区,是母概念与子概念的关系,外延相容,不能并列,应改为"游览地区及其他公共活动场所"。

(3)第二、五两点规定,涉及工商管理部门的业务。按照现行行文规则和行政体制,平级机关不能向对方发通知、作指示、下指令,布置工作、提要求。市公安部门与工商管理部门是平级机关,这两点有向工商管理部门布置工作之嫌。为避此嫌,最好由两个部门联合行文。

・公告与通告的比较・

"公告"用于向国内外宣布重要事项或者法定事项;"通告"用于公布社会各有关方面应当遵守或者周知的事项。公告的受众广大,通告仅限于某一局部地区。从"宣布"和"公布"这两个字眼来看,他们都是公开发布的公文,不是内部行文,内容都具有知照性。

·公告、通告、公报的比较·

　　公告、通告、公报是党政机关公文中能以通过新闻媒体发布或在公共场所张贴的形式发布的公布性公文,其告知对象都是社会公众而不是内部员工,较易导致混用。目前这几种文种误用、混用现象都很常见。常见的情况是该用"通告"却用了"公告",如《××公安局关于马拉松赛期间实行交通管制的公告》,这则公文是要求社会公众配合遵守的,只能用通告。

　　实际上,公告、通告、公报的区别是很显著的。三种公文在宣布的内容上不同:公告宣布的内容是重要的或法定的事项;公报宣布的内容是重要的决定,其内容必须是国家重要、法定事项或重大决定;而通告宣布的内容是要求遵守或周知的事项,通告要求被告知对象遵守且具有强制性,内容极其广泛,大到国家政策,小到群众生活中某些需要周知的、遵守的具体事项,政治、文化生活及交通金融、税收、水电、城建、规划等各个领域都可以使用。在宣布的对象范围上不同:通告在一定范围内有局限性;而公告、公报是面向国内外的,其范围比通告广阔得多。发文机关也有不同要求:通告可以由各级机关、人民团体、企事业单位发布,而公告、公报只能是地位较高的机关发布。从作用上看:公告、公报的作用力和影响力比通告要大。

第七节　意　　见

一、意见概述

(一) 适用范围和特点

意见适用于对重要问题提出见解和处理办法。

　　(1)"意见"所涉及的内容必须是"重要问题"。所谓"重要问题",应当是当前工作中所遇到的涉及全局性、方针政策性的重大事项和主要问题,特别是新问题。"重大"是就"一般"而言的,"主要"是就"次要"而言的,"新"是就"常规"而言的。

　　(2)"意见"的写作形式,对"重要问题"不仅要有所"见解",而且要有"处理的办法"。"见解"就是对问题作出全面中肯的分析,提出自己的看法和观点,然后,在分析认识的基础上,拿出切实可行的解决办法和措施。只提出问题,而对问题的分析轻描淡写,对问题的解决含糊不清,一切全凭上级去拿主意、想办法,是"意见"制发所忌讳的。

(3)"意见"在一般情况下只有建议性质,这样的"意见"来自于下级,一经上级批转或批准,即从建议性转化为指导性和约束性。还有一种来自于上级机关的"意见",虽然文种名称叫"意见",这里的本质含义已不再是参谋、建议的性质,而是有了"指示"性。

(二)结构模式

1.标题

意见的标题,一般由发文机关名称、事由和文种三要素构成,如《中共中央关于进一步繁荣文艺的若干意见》。也可以省略发文机关名称,由事由和文种组成。这种标题常见于县团级以下的机关单位公文。

2.主送机关

主送机关分为两种情况:需要转发的意见,没有主送机关这一项,但转发该意见的通知,要把主送机关写清楚;直接发布的意见,要有主送机关,主送机关的排列方法和一般公文相同。

3.正文

这部分是意见写作的主体,一般采用分条的结构安排方式,首先在开头部分用简明扼要的文字,说明行文的目的、背景、依据或缘由,以利于受文者理解或贯彻执行;然后明确、详尽地写出意见的具体内容,如阐明工作的基本见解、原则性要求、政策性措施及注意事项等。撰写时要注意三方面的问题:一是对工作的见解和要求一定要顾及各个方面,使工作涉及的各个部门都能明确地领会工作的原则和要求;二是所提出的措施和办法要具体、准确,便于受文单位理解或执行;三是撰写时内容应当层次分明,对工作的基本原则、具体的政策措施要分层叙述,不宜交叉进行。

4.落款

文后署上发文机关和日期。

二、范例

例文一

1. 原文

四川省农业厅
关于加强农村统一灭鼠的意见

省人民政府：

近几年,我省农村害鼠正处于繁殖高峰期,农田害鼠密度回升较快,鼠害严重,部分地区危害程度超过历史水平。……

加强农村灭鼠是发展农村经济的一项重要工作。……

为了长期控制鼠害,……保障农业生产安全,现就加强农村统一灭鼠提出以下意见：

一、加强领导,坚持农村统一灭鼠……

二、明确职责,落实任务……

三、加强督促检查,保证灭鼠效果……

以上意见,如无不妥,请批转各地贯彻执行。

一九九七年一月二十一日

2. 分析

（1）标题。结构完整,符合规范。

（2）正文。采用"撮要分条"的结构写法。开头先用三段文字,交代了加强农村统一灭鼠的缘由、背景与必要性,也就是提出与分析问题,此谓"撮要"。然后,通过一个过渡句进入主体部分,主体采用"分条"的方法,并列讲了三点意见,每条之前,都有一个显示段旨的小标题,这属于"解决问题"。最后以请示批转用语结束全文。这种结构是上行"意见"的基本形式,它的特点是主旨明确、要求清楚、一目了然。

（3）签署。发文单位承前省略,标明了发文时间。

例文二

1. 原文

教育部专家组关于××大学
理科基地验收评估和中期检查的意见

根据全国高等学校教学研究中心《关于××大学国家理科基础科学研究和教学人才培养基地进行验收评估和中期检查的通知》精神,专家组于 6 月 14 日至 17 日对××大学地理学基地进行了验收评估和对物理学、化学、生物学等第二批基地进行了中期检查。按照国家理科基础科学研究和教学人才培养基地建设评估方案的要求,专家组考察了图书馆、资料室、实验室和计算机房等教学设施,查阅了教学公文、改革方案、统计材料、教材;抽查了学生考卷、论文等,召开了教师、干部、学生座谈会,还采取听课和个别访谈的方式,对××大学基地建设和改革进行了全面的检查和评估。经专家组充分研讨,提出以下评估和检查意见:

一、××大学对基地建设和改革十分重视,按照国家关于理科基地建设的一般原则,密切结合学校实际,提出了整体性建设,按一级学科培养人才,对基地单独投资,单独设班,集中优势力量,"高标准、强培养、严要求、高质量"的思路。采取有效措施,取得了明显成效。学校在经济困难的情况下已向基地投入建设资金 534.5 万元,有关院系自筹资金 295 万元,两项合计 829.5 万元,与 890 万元的国家投资的比例接近 1∶1。其中对第一批基地地理学专业 8 年来总投资为 388.9 万元,其中专项投资 254 万元,学校投资 98.9 万元,院系投资 36 万元。经费使用预算、决算和审计规范,符合要求,保证了各基地建设的顺利实施。学校为迎接此项检查和评估,专门召开党委常委会,进行研究部署,按时完成了校内自评,并提交了自评报告。精心组织了评估和检查的各项活动,为评估和检查的顺利完成提供了保障。

二、××大学注重探索理科基地的培养模式,形成了"强化基础,加强实验,重视创新"的指导思想。努力建立科学的课程体系、教学内容,加强实验教学改革,提倡开设讲座和讨论课。加强了基地学生的思想政治工作建设。在教学设施建设方面,确立了切实的指导方针,将基地建设投资的 65% 以上用于实验室建设,已建成先进的遥感地理信息系统等实验室。在加强基地师资队伍建设,提高科研水平和教学能力方面也有长足的进步。基地的建设与改革有力地促进了××大学的学风建设,增强了基地各学科的影响,发挥了示范辐射作用,有的基地还在全国产生了影响。通过建设,各基地都形成了自己的特色,取得了经验。

三、××大学在理科基地建设中,成立了专门的领导小组,加强管理。有一支水平高、敬业奉献的师资队伍,形成了良好的教风。提倡院士、博士生导师、国家跨世纪人才、知名教授给基地学生上基础课。充分发挥学术活动和教书育人的作用,培养基地学生的科学精神和创新意识。建立了"一级两制,双向对流,动态选拔"的基地班培养模式。形成了××大学基地建设的特色。

四、××大学在相对困难的条件下,基地建设与改革取得很大成绩,理科基础科学研究和教学人才培养已初见成效,为今后的改革与发展奠定了坚实的基础。希望今后加强与兄弟院校的交流,吸取先进经验,进一步拓宽思路,深化教学内容和课程体系改革。进一步加强教材和教学实践建设,加快教学手段更新和学生学习阅览环境改善的步伐。在基地建设的管理中,建议更好地调动有关院系及广大师生的积极性和创新精神,使基地的改革与建设取得更大的成效。

二〇〇×年六月十七日

2.分析

(1)标题。由发文作者名称、事由、文种(意见)构成标题,规范。

(2)正文。第一段,概括性地交代了评估检查的依据、经过、内容、方式等总体情况。主体部分从基地的投资、培养模式、组织管理等方面,分条列项对评估检查的结果作出恰当的概括性说明,并予以评价。全文采用总分式结构。开头交代总体情况,主体分别说明特色、希望等。结构合理,条理清晰,内容明确,用语规范得体。较好地体现了评估性意见的特点。

(3)签署。发文单位承前省略,只标明了成文日期。

例文三

1.原文

中共××市××区委 2005 年工作意见

(2004 年 12 月 25 日中国共产党××市××区
第八届委员会第五次全体会议通过)

中共××市××区委第八届委员会第五次全体会议,以邓小平理论和"三个代表"重要思想为指导,认真贯彻党的十六大和十六届三中、四中全会及市委九届六次全会精神,全面落实科学发展观,按照中央和市经济工作会议的部署,在总结工作、分析形势的基础上,提出 2005 年的工作意见。

一、总体要求和主要目标

··········

二、推动国民经济发展再上新水平

··········

三、切实抓好改革开放两条基本途径

··········

四、推进社会主义政治文明建设
…………

五、加强社会主义精神文明建设
…………

六、努力构建社会主义和谐社会
…………

七、以提高执政能力为重点,全面加强和改进党的建设
…………

2.分析

上述例文在结构写法上层次分明,条理清晰,其问题出在文种的选择上。从这份例文所摘录的开头语及几个小标题的内容看,这分明是一篇工作计划,而且是一篇指导2005年全年工作的综合计划,它涉及全区的政治、经济、改革开放、文化、教育、卫生、体育、群众生活、社会治安等方方面面,既然如此,为什么不用"计划"而偏偏选择"意见"呢?根据公文写作规定,"意见"用于对重要问题提出见解和处理办法。这里的"重要问题",显然不可能包括一个地方党的工作的方方面面,因为方方面面的工作不可能都是"重要问题",它势必是一个地方全盘工作中带有关键性的重中之重的问题,这就表明"意见"中所反映的问题具有专门的性质,不可能是普遍综合、方方面面的。所谓"提出见解和处理办法"一语,说明"意见"所反映的问题不但是"重要的问题",而且是"新问题"。由于"新",因此必然要"提出见解和处理办法"。一个地方综合性的指导全年工作的公文,其中既有重要问题,也有常规性问题;既有新的问题,也有去年需要进一步完成的事项。因此,此文使用"计划"这个文种才合适。

第八节　通　　知

一、通知概述

(一)适用范围和特点

通知适用于发布、传达要求下级机关执行和有关单位周知或者执行的事项,批转、转发公文。

通知应用广泛,使用频率高,不受内容制约,既可用于布置工作、传达重要指标,也可以用于知照一般事项;作者广泛,不受机关性质、级别的限制;内容

单纯,行文简便;具有执行性,多用于下行文。多体现为:批转下级机关的公文;转发上级机关和不相隶属机关的公文;传达要求下级机关办理和有关单位需要周知或者共同执行的事项;任免人员。

(二)结构模式

1.标题

通知的标题一般由发文机关、事由和文种三部分组成。有的还要根据具体情况写明"联合通知""紧急通知""重要通知""补充通知"等。非正式公文处理的一般性通知,标题可直接标出文种。

2.主送机关

主送机关在标题下,正文前顶格写受文单位或个人。

3.正文

通知的正文包括通知的缘由、通知事项、通知要求三部分,不同种类的通知其正文的写法有所不同。

(1)发布性通知的正文一般很简短,写明发布的意义和目的,提出执行的要求即可。如果在题目和正文中已指明所发文的公文名称,也可以在正文后不再注"附件"字样,直接将所发布的公文附在通知后即可。

(2)指示性通知的正文包括两个部分。开头部分写明通知的缘由,可以写当前存在的问题、发通知的意义,也可以写发通知的依据和任务。这部分文字要简短,具有概括性。然后由"特作如下通知""特通知如下"转入通知的内容。通知的内容大多采用分条列项法,具体地提出要求、措施和办法。指示性通知一般不单独结束,以正文的完结而告终。

(3)批示性通知的正文一般包括发文的缘由,对批转、转发公文的评价,执行要求等部分。有的批转、转发公文的通知,不仅要表明本机关的态度,还要结合本地区、本单位、本部门的实际情况作出具体的指示性意见。对下级机关要求的通常用语,有"参照执行""遵照执行""研究执行""认真贯彻执行"等不同提法。要根据所批转、转发公文的情况,仔细推敲,明确措辞,提出恰当的要求。

(4)会议通知的正文要具体、全面。一般包括召开会议的机关、会议名称、会议起止时间和地点、会议内容和任务、参加会议的人员范围和人数、入场凭证、报到时间及地点、与会人员需携带的公文材料、其他要求事项(如提前上报会议人员名单、要求预先告知乘坐的交通工具及车次、航班等)等内容。会议通知要适当地提前发文,以便出席人员做好准备。如果事情重大,时间紧迫,可发"紧急通知"并在信封上注明,以引起受文机关的注意。

(5)任免通知的正文比较简单,要写清决定任免的时间、机关、会议或依据公文,以及任免人员的具体职务。

(6)一般性通知所涉及的事项比较具体,要简短、明了地交代要办什么事、什么时间办、怎样办以及需要提醒的其他事项。

4.落款

在正文右下方写上发文机关名称和发文日期。

二、范例

例文一

1.原文

中共中央办公厅　国务院办公厅

关于加强和改进村民委员会选举工作的通知

(2009 年 4 月 24 日)

近年来,村民委员会选举工作在全国各地农村深入开展,对保障村民实行自治、发展农村基层民主发挥了重要作用。但也应看到,有的地方村民委员会选举竞争行为不规范、贿选现象严重,影响了选举的公正性;有的地方没有严格执行村民委员会选举的法律法规和相关政策,影响了村民的参与热情;有的地方对村民委员会选举中产生的矛盾纠纷化解不及时,影响了农村社会稳定。为进一步做好当前和今后一个时期的村民委员会选举工作,保障村民委员会选举的公正有序,保障村民享有更多、更切实的民主权利,推动农村经济平稳较快发展,确保农村社会和谐稳定,经党中央、国务院同意,现就加强和改进村民委员会选举工作通知如下。

一、充分认识加强和改进村民委员会选举工作的重要意义

村民委员会选举,是我国社会主义民主在农村最广泛的实践形式之一。当前,我国农村正在发生新的变革,农村社会结构快速变动,社会利益格局和农民思想观念深刻变化。适应农村改革发展的新形势,不断加强和改进村民委员选举工作,进一步完善选举各项程序,做深、做细、做实选举各个环节工作,有利于保障村民依法直接行使民主权利,发展农村基层民主;有利于密切党群干群关系,维护农村社会和谐稳定;有利于调动亿万农民群众建设社会主

义新农村的积极性、主动性和创造性,推动农村全面建设小康社会进程。

各地区各部门要高举中国特色社会主义伟大旗帜,以邓小平理论和"三个代表"重要思想为指导,深入贯彻落实科学发展观,按照党的十七大关于坚持和完善基层群众自治制度和党的十七届三中全会关于健全农村民主管理制度的要求,充分认识加强和改进村民委员会选举工作的重要意义,认真研究解决目前选举工作中存在的问题,把以直接选举、公正有序为基本要求的村民委员会选举实践进一步推向深入。

二、切实加强村民委员会选举前的各项准备工作

加强选举领导机构和工作机构。凡举行村民委员会换届选举的地方,省、市、县、乡各级都要成立专门的领导机构和工作机构,保证必要的工作人员和经费,推动选举工作有组织、有步骤、有秩序地开展。要积极指导依法推选村民选举委员会,组织好村民委员会选举工作。

加强选举教育和培训工作。各地区各部门要在农民群众中广泛深入地开展社会主义民主法制教育,激发他们参与村民委员会选举的热情,了解村民委员会选举的基本程序,珍惜民主权利,真正把办事公道、廉洁奉公、遵纪守法、热心为村民服务的人选进村民委员会。县级党委和政府要重点做好对县乡两级负责村民委员会选举工作的党政干部的培训工作,使他们牢固掌握法律法规和相关政策,不断提高指导选举工作的能力和水平。乡级党委和政府要重点做好对包村干部、村民选举委员会成员的培训工作,使他们熟悉村民委员会选举程序和方法步骤,不断提高实际操作的规范化水平。凡不掌握村民委员会选举法律法规和相关政策的县乡干部以及在选举培训中不合格的县乡干部,不得派到村里指导选举工作。

加强选举方案制定工作。县乡两级要围绕组建村民委员会选举领导机构和工作机构、选举教育和培训、选举工作各个阶段的基本要求、选举工作进展安排等制订工作方案。积极开展调查研究,摸清本地区社会结构变化、人口流动、基层干部群众思想状况等社情民意,增强选举方案的指导性和针对性。加强与外出务工经商人员的联络沟通,妥善解决他们依法行使选举权和被选举权的问题。重点关注村情复杂、干群矛盾突出以及历次选举中问题较多的村,并制定工作预案,加强工作力量,加大指导力度。未经县(市、区)委批准,无故取消或拖延村民委员会换届选举的,要依法追究乡(镇、街道)党委(工委)、政府和村党组织、村民委员会主要负责人的责任。

加强村级财务审计工作。乡级党委和政府要认真组织开展对现任村民委

员会成员的民主评议,做好村级财务清理和村民委员会成员任期届满审计工作。村集体财务收支情况、集体财产管理使用情况、生产经营和建设项目的发包和管理情况、土地补偿分配和使用情况、村级债权债务情况,以及农民群众反映集中、强烈要求审计的其他内容,要列入审计范围,并及时将审计结果公之于众。

三、依法规范村民委员会选举程序

规范村民选举委员会产生程序。村民选举委员会成员必须依法推选产生,任何组织或个人不得任意指定、撤换。提倡按照民主程序将村党组织负责人推选为村民选举委员会主任,主持村民选举委员会工作,发挥村党组织的领导核心作用。村民选举委员会成员依法被确定为村民委员会成员候选人的,应当退出村民选举委员会,所缺名额从原推选结果中依次递补。村民选举委员会成员不履行职责的,经村民会议、村民代表会议或者村民小组讨论同意,按照原推选结果依次递补或者另行推选。

规范村民委员会成员候选人提名方式。村民委员会主任、副主任和委员候选人由本村有选举权的村民直接提名产生,候选人的名额应当多于应选名额。在符合法律法规规定的前提下,各地要对村民委员会成员候选人的资格条件作出规定,引导村民把办事公道、廉洁奉公、遵纪守法、热心为村民服务的人提名为候选人。鼓励农村致富能手、复转军人、外出务工经商返乡农民、回乡大中专毕业生、大学生"村官"、县乡机关和企事业单位提前离岗或退休干部职工通过法定程序积极参与选举村民委员会成员的竞争。提倡村党组织成员和村民委员会成员交叉任职,但要从实际出发,不搞一刀切。适应中国特色社会主义新农村建设需要,提倡把更多女性村民特别是村妇代会主任提名为村民委员会成员候选人。

规范候选人的竞争行为。村民选举委员会应积极主动、客观公正地向村民介绍正式候选人的情况。有条件的地方,提倡组织候选人同村民见面,介绍治村设想或竞职承诺,回答村民提出的问题,禁止候选人或候选人指使的人私下拉票。要加强对候选人治村设想或竞职承诺的审核把关工作,治村设想或竞职承诺不得有与宪法、法律、法规和国家政策相抵触的内容,不得有侵犯其他村民人身权利、民主权利和合法财产权利的内容,不得有对竞争对手进行人身攻击的内容。要引导候选人着力围绕发展经济、完善管理、改进服务提出方案和措施,防止出现为当选进行个人捐助村内公益事业财物比拼加码的现象。对候选人承诺捐助村集体的资金或物资,不应由候选人在选举前或选举后私自决定分配方案,而应交由依法选举产生的村民委员会组织召开村民会议或村民代表会议民主讨论决定。

规范投票行为。全面设立秘密划票处,普遍实行秘密写票制度,保障村民在无干扰的情况下自主表达选举意愿。严格规范委托投票,限定选民接受委托投票的人次,禁止投票现场临时委托。严格控制流动票箱的使用,确有必要使用流动票箱的,其对象和人数应由村民代表会议讨论决定,并张榜公布。切实维护选举大会的现场秩序,禁止任何人实施向选民展示钱物等扰乱选举现场秩序、影响选民投票意向的行为。投票结束后,应当公开唱票、计票,当场公布选举结果。

四、扎实做好村民委员会选举后续工作

扎实做好新老村民委员会交接工作。新老村民委员会的交接工作,由乡级政府负责主持,村党组织参与。原村民委员会应依法在规定期限内将印章、办公场所、办公用具、集体财务账目、固定资产、工作档案、债权债务及其他遗留问题等,及时移交给新一届村民委员会。已经完成选举的地方,要认真检查验收。对拒绝移交或者无故拖延移交的,乡级党委和政府、村党组织应当给予批评教育,督促其改正。要耐心做好落选人员思想工作,引导他们积极支持新当选的村民委员会成员开展工作。选举工作结束后,要及时统计、汇总、上报选举结果,建立健全村民委员会选举工作档案。

扎实做好新当选村民委员会成员培训工作。选举结束后,各地区应根据当地实际,制订规划,广泛培训新当选的村民委员会成员,组织他们学习党的路线、方针、政策,深入学习实践科学发展观,学习法律法规和实用技术,增强村民委员会成员坚持党的领导的信念,增强正确执行政策、坚持依法办事、善于做群众工作的能力,增强带领广大农民群众建设社会主义新农村的本领。

扎实做好村务公开和民主管理制度健全工作。加强对村民委员会成员履行选举期间竞职承诺的监督,防止其利用职权谋取不正当利益。理顺村级各类组织的关系,抓好以村党组织为核心的村级组织配套建设,领导和支持村民委员会等村级组织依照法律法规和章程开展工作。进一步健全完善村党组织领导的充满活力的村民自治机制,深入开展以村民会议、村民代表会议、村民议事为主要形式的民主决策实践,以自我教育、自我管理、自我服务为主要目的的民主管理实践,以村务公开、财务监督、群众评议为主要内容的民主监督实践,全面推进村民自治制度化、规范化、程序化。凡未经村民会议或者村民代表会议讨论决定,任何组织或个人擅自以集体名义借贷,变更和处置村集体的土地、企业、设备、设施等,均为无效,村民有权拒绝,造成的损失由相关责任人承担,构成违纪的给予其党纪政纪处分,涉嫌犯罪的移送司法机关依法处理。对无正当理由拒不履行为村民服务职责或拒不协助乡(镇)政府开展工作的村民委员会成员,村党组织和乡(镇)党委,政府应对其进行批评教育,对拒不改正的应依法启动罢免程序。

扎实做好村民委员会成员合法权益保障工作。妥善解决村干部的报酬和养老保险等问题,帮助他们解决工作和生活中的实际困难,解除他们的后顾之忧。按规定渠道,切实解决村民委员会的活动场所问题,及时拨付工作运行经费;乡级政府需要委托村民委员会承办的事项,应按照"权随责走、费随事转"的原则妥善解决。对于一心为民、工作成绩突出的村民委员会成员,应及时给予宣传表彰。

五、坚决查处村民委员会选举中的贿选等违法违纪行为

坚决制止和查处贿选行为。在村民委员会选举的过程中,候选人及其亲友直接或指使他人用财物或者其他利益收买本村选民、选举工作人员或者其他候选人,影响或左右选民意愿的,都是贿选。各地要结合实际,进一步明确贿选的界限,加强监督,加大查处力度。对参与或指使他人以暴力、威胁、欺骗、贿赂、伪造选票、虚报选举票数等违法手段破坏选举或者妨碍村民依法行使选举权和被选举权的,以及对控告、检举选举违法行为的人进行打击、报复的,要发现一起坚决查处一起。对选举中的违法违纪行为,村民有权向乡、民族乡、镇的人民代表大会和人民政府或者县级人民代表大会常务委员会和人民政府及其有关主管部门举报,有关机关应当负责调查并依法处理。对参与或指使他人以暴力、威胁、欺骗、贿赂、伪造选票、虚报选举票数等违法手段参选的,一经发现即取消其参选资格,已经当选的,其当选无效;违反治安管理规定的,依法给予治安管理处罚;构成犯罪的,依法追究刑事责任。

加大对选举工作人员违法违纪行为的查处力度。村民选举委员会成员在村民委员会选举中有违法违纪行为的,要及时终止其资格。对伪造选举公文、篡改选举结果或者以威胁、贿赂、欺骗等手段,妨害村民依法行使选举权、被选举权的农村党员干部,要给予撤销党内职务、留党察看或者开除党籍处分。农村党员和国家公务员有参与或者怂恿村民委员会选举中违法违纪行为的,要分别给予党纪或者政纪处分。对假借选举之名,打着宗教旗号从事非法活动、民族分裂活动和刑事犯罪活动的,要坚决依法予以打击。

六、加强对村民委员会选举工作的组织领导

健全和落实领导责任制。各级党委、人大、政府要把加强和改进村民委员会选举工作列入重要议事日程,形成党委领导、人大监督、政府实施、各有关部门密切配合的工作体制和运行机制。县级党委书记要认真履行"第一责任人"的职责,乡级党委书记要认真履行"直接责任人"的职责,村党组织要在村民委员会选举中充分发挥领导核心作用。地方各级人大和县级以上地方各级人大常委会在本行政区域内要切实保证村民委员会组织法的实施,保障村民依法行使选举权利。各级党委组织部门要统筹协调村级党组织选举工作和村民委员会选举工作,加强指导。各级民政部门要充分发挥职能作用,认真抓好村民委员会选举工作的指导和监督检查。各级财政部门要落实相关工作经费,保证选举工作顺利进行。各级纪检监察、宣传、信访、公安、司法、综合治理、妇联等部门,各级人民法院、人民检察院,要积极参与、配合村民委员会选举工作。要建立健全工作责任追究制度,对因领导和指导工作不力、敷衍应付、处置不当引发较大规模群体性事件的,要追究相关领导和有关人员的责任。

认真做好群众来信来访工作。县、乡两级村民委员会换届选举工作领导机构和工作机构要向社会公布办公地址和工作电话,提供咨询服务。对有关村民委员会选举的来信来访,要及时调查研究,妥善答复,切实维护群众合法权益。对群众反映的问题,如果属实或基本属实的,要及时纠正解决;对与实际情况有出入的,要本着有什么问题就解决什么问题的原则进行完善;对与实际情况完全不符的,要尽快说明情况,争取群众的认可;对群众听信谣传、上当受骗的,要及时予以揭露,澄清事实,消除群众误解。县、乡、村三级都要建立健全村民委员会选举工作信息报告制度,全面掌握选举动态,及时上报选举引发的重大事件。在选情复杂的地方,县乡两级要建立应急处置工作机制,制定应急处置预案,加强对突发事件的防范和处置。

加大对村民委员会选举工作的监督力度。要充分发挥党委、人大、政府及其职能部门的监督作用,同时结合实际,发挥村民选举委员会、村民对选举全过程的监督作用。要积极探索舆论监督以及各级党代表、人大代表、政协委员担任选举监督员等形式,加强社会力量对选举工作的监督。

加强对村民委员会选举工作的舆论引导。各地区各部门要充分发挥新闻媒体的积极作用,大力宣传党的十七大和十七届三中全会精神,宣传村民委员会选举的法律法规和相关政策,宣传选举中涌现的好经验、好做法,形成正面引导的强大声势。县、乡、村三级都要把宣传教育和舆论引导贯穿于选举工作全过程,把依法办事贯穿于选举实践全过程,把为什么举行村民委员会选举、应该选举什么样的人进村民委员会、什么样的选举行为为法律法规所允许等问题,通过多种方式清清楚楚地告诉广大村民,引导他们行使好自己的民主权利,引导候选人坚持社会主义荣辱观,正确对待自己、其他候选人和村民,正确对待困难、挫折和荣誉,促进理性公平竞争,努力形成和谐选举的良好局面。

各地区各部门要将本通知精神尽快传达贯彻到农村干部群众中,村民委员会选举工作中遇到的重大问题请及时报告中央。

2.分析

这篇例文的突出特点表现在结构布局上,既有一个独立且简短的开头"撮要",又有一个总括全文中心并要求下级及时反馈执行情况的结尾,中间主体部分由若干并列的内容组成,呈现"总—分—总"的结构模式。

全文占用一个大自然段,先从正面阐明村民委员会选举工作的意义、作用,对此项工作加以肯定,然后用"但是"转折,指出存在的问题,列举了种种表现,以此说明行文的缘由和必要性。接下来用一过渡句"现就加强和改进村民委员会选举工作通知如下"引出下文。从结构布局上讲,此为"总"。然后从六大方面分别就开展此项工作的重要意义、准备工作、选举程序、后续工作、对违法违纪行为的查处以及组织领导等事宜进行具体安排部署,此为"分"。最后用一个自然段提出相关要求,此为"总"。

从整体上看,全文内容严整、结构顺畅,是指示性通知写作的典范。从写作技法上看,指示性通知的写作通常都要在开头部分交代发布通知的缘由和背景情况,而且采用"抑扬结合"的手法,即先从正面加以肯定,然后笔锋一转引出存在的问题,继而转入通知的具体事项。对通知事项的陈述,通常都要首先阐明意义、重要性,接下来从不同侧面加以表述,最后往往涉及组织领导方面的内容。对此,这篇通知极为规范。

此外,这篇通知特别注重运用"撮要"表达技法,对于每一部分内容的阐述,都首先列示一个段旨句,概括某一方面的内容,然后进行具体阐述。以第二部分内容"切实加强村民委员会选举前的各项准备工作"为例,下设四个段旨句:"加强选举领导机构和工作机构""加强选举教育和培训工作""加强选举方案制定工作""加强村级财务审计工作",每一段旨句分别提领一项内容。段旨句的使用使行文观点十分突出,层次分明,易于理解和把握。而这对于通知内容的贯彻执行,显然是非常必要和有益的。

例文二

1. 原文

教育部关于印发《中小学健康教育指导纲要》的通知

各省、自治区、直辖市教育厅(教委),新疆生产建设兵团教育局:

为贯彻落实《中共中央国务院关于加强青少年体育增强青少年体质的意见》(中发〔2007〕7号)对健康教育提出的工作要求,特制定《中小学健康教育指导纲要》(原《中小学健康教育基本要求》同时废止),现印发给你们,请认真遵照执行。

二〇〇八年十二月一日

2. 分析

这类通知的正文部分明显地分为两层内容:一是发布或印发的对象,常用"现将……"这种介词结构前置的句式引出被发布的对象,也可用目的句引出;二是提出贯彻执行的希望或要求。通常使用"请遵照执行""请认真贯彻执行""请照此执行"等习惯性语句,以充分体现通知的指挥效力。例文是一篇规范的发布性通知。它先交代了发布通知的目的和依据,在此基础上进一步提出贯彻执行的要求。从写法上讲,其内容完整,层次清晰,用语流畅,便于理解和执行。

例文三

1. 原文

国务院批转发展改革委《关于2009年深化 经济体制改革工作的意见》的通知

各省、自治区、直辖市人民政府,国务院各部委、各直属机构:

国务院同意发展改革委《关于2009年深化经济体制改革工作的意见》,现转发给你们,请认真贯彻执行。

二〇〇九年五月十九日

2. 分析

这种通知在写法上一般包含两层意思:一是批转或转发的原因、依据或目的;二是批转或转发的一般性要求。常用"现转发给你们,请认真贯彻执行""现转发给你们,请结合实际情况参照执行"等固定性语句。内容复杂一些的则提出具体的执行要求。

例文四

1. 原文

<h2 style="text-align:center">中共江苏省委办公厅　江苏省人民政府办公厅
关于召开全省军队转业干部
安置工作会议的通知</h2>

各市市委、市人民政府，省委各部委，省各委办厅局，省各直属单位，部属各有关单位：

为贯彻中发〔2002〕3 号和国转联〔2002〕3 号公文，传达全国军队转业干部安置工作会议精神，部署 2002 年我省军队转业干部安置工作，省委、省政府决定，于 6 月 18 日在南京召开全省军队转业干部安置工作会议。现将有关事项通知如下：

一、出席会议人员

各市分管军队转业干部安置工作的副书记或副市长 1 名，市委组织部、人事局、劳动局负责同志和市委组织部综合干部科(处)长、军转办主任各 1 名。

省委各部委，省各委办厅局，省各直属单位及部属各有关单位负责同志和人事(干部)处长各 1 名。

军队出席会议人员的通知由省军转办另发。

二、会议时间、地点

会议定于 6 月 18 日在南京双门楼宾馆(南京市虎踞北路 185 号)召开，会期 1 天。各市出席会议人员于 6 月 17 日下午到双门楼宾馆报到；省级机关各部门、单位和部属各有关单位出席会议人员于 6 月 18 日上午 8:15 直接到双门楼宾馆开会。

各市限带车 2 辆。

三、其他事项

各市、省级机关各部门、单位和部属各有关单位请于 6 月 17 日上午 11 时前将出席会议人员名单报省军转办。

联系人：肖福高、汪萍；联系电话：(025)3308593,33100800。

中共江苏省委办公厅
江苏省人民政府办公厅
二○○二年六月十五日

抄送：省委常委，副省长。

南京军区，省军区，省武警总队。

新华日报，省广电总台。

2．分析

（1）该通知的标题包括公文标题三要素，即发文机关名称、事由和文种，结构完整。

（2）会议通知的正文部分，包括通知缘由、通知事项和执行要求三项。

① 通知缘由。即通知开头部分第一自然段，是第一个层次。

这个层次从七个方面说明了"通知缘由"，只用了 91 个字。即会议原因、会议依据、会议内容、决定会议机关、会议时间、会议地点、会议名称等。然后，用惯用的承启语来承上启下。

② 通知事项。共有 8 个自然段，统归第二个层次。

"通知事项"具体说明了出席会议人员和会议时间、地点以及其他有关事项。在这里，该"通知事项"实际上与"执行要求"不是分述的，而是交织在一起说明的。"通知事项"至少表达了以下六条的内容：

第一条，指明要求出席会议的人员来自哪些部门，有哪些人，有多少人，这非常重要，既是为了节约会议成本，也是为了提高会议效率，更体现了工作作风的转变。

第二条，"各市限带车 2 辆"，这与限制与会人数是一个道理，看似小事，却不能忽略。

第三条，明确了通知的范围，这很重要。本通知的制发机关，是经省委、省政府授权的（"省委、省政府决定"），只能主送给隶属于"省委、省政府"的"各市市委、市人民政府，省委各部委，省各委办厅局，省各直属单位，部属各有关单位"，而不可以主送给军队相关单位，军队单位出席会议的通知只能"由省军转办"。

第四条，该通知中，在三处点明了会议时间，一处比一处具体。

在第七自然段还说明了会议地点。先讲"在南京双门楼宾馆（南京市虎踞北路 185 号）召开"，又讲"直接到双门楼宾馆开会"。虽然也有重复的情况，但在宾馆之后注明其所在路段和门牌号码，是必不可少的，因为外地的同志不一定知道双门楼宾馆在南京什么地方。如此，该通知的第七自然段建议修改为"会议定于 6 月 18 日上午 8：15 在南京双门楼宾馆（南京市虎踞北路 185 号）召开，会期 1 天，省级机关各部门、单位和部属各有关单位出席会议人员当天直接到会;各市出席会议人员于 17 日下午到双门楼宾馆报到。"

第五条,报到地点和报到时间。因为省级机关各部门、单位和部属各有关单位出席会议人员都生活、工作在南京,在开会当天直接到双门楼宾馆开会自无问题,而各市出席会议人员因为住宿原因需要提前到会。所以,本通知写清楚报到地点和报到时间,要求他们"于 17 日下午到双门楼宾馆报到",是完全必要的。

第六条,出席会议人员名单报省军转办的时间和联系人、联系电话。因为会议是在 6 月 18 日上午召开,本通知写清楚出席会议人员名单报省军转办的时间,这既有利于出席会议的各有关机关和单位及时向省军转办报送出席会议人员名单,又给会议筹划组织者和具体工作人员留足够时间来处理会议住房分配、就餐分桌、讨论分组、临时召集人和记录员指定、主席台就座名单和排序、会议议程等纷繁细致的会议事务,使会议各项事务进行得井然有序。本通知写清楚联系机关(省军转办)、联系人及联系方式也非常重要。这样,接到通知的单位有不清楚的问题,直接询问省军转办的联系人即可解决。

③ 执行要求。如上述,本通知的"执行要求"是穿插在"通知事项"之中说的,即每个单位参会的对象、人数、报名时限、报到时间、带车数量限制等,大致有 5 条。

④ 关于会议通知抄送范围的说明。因为是召开江苏省军队转业干部安置工作会议,通知版记中特别列出了江苏省委常委、江苏省副省长等领导,南京军区、江苏省军区、江苏省武警总队等部队单位,还列出了新华日报、江苏省广电总台等省级主要新闻单位。这是考虑了党政军齐抓共管军队转业干部安置工作这件关系军民团结、巩固国防、国家安定的头等大事,要让新闻单位及时了解中共中央、国务院的有关精神,了解江苏省委、省政府关于如何做好2002 年全省军队转业干部安置工作的有关部署。根据通行的规则,抄送机关是指除主送机关外需要执行或知晓公文的其他机关,应当使用全称或者规范化简称、统称。亦即除了"主送"之外的,悉数属于"抄送"范围,概莫能外;没有"抄报"(对领导)、"抄发"(对部属)的区别。因此,不能因为制文机关隶属于省委、省政府的综合部门,就将"抄送"省委常委、副省长等领导同志改写为"抄报"。这里"抄送:省委常委,副省长"是合适的。

综上所述,该通知是一份比较复杂的会议通知,"细枝末节"不少,但行文周全,逻辑清晰,值得肯定。

例文五

1. 原文

河南省人事厅任免通知

豫人任〔××××〕29 号

省人民政府同意,任命:

鲁德政为河南省地方史志办公室主任(副厅级);

王之勤为河南省地方史志办公室副主任(副厅级);

许还平为河南省地方史志办公室副主任。

原河南省地方史志编纂委员会主任、副主任职务,随着机构的改变而自行免除,不再办理免职手续。

(章)

××××年×月×日

2. 分析

(1) 标题。任免通知在标题的写作中一般采用公文写作常用的三要素标题形式,该通知的标题亦然。任免通知的内容既有对干部职务进行的任命,又有对干部职务进行的免除。在标题的写作中,该通知的标题与通知的内容表述做到了一致,既有任命又有免职。

(2) 会议通知的正文部分,包括“任免依据”“任免事项”。

① 任免依据为“省人民政府同意”,简洁合理。

② 任免事项是任免通知的核心内容,它是任免通知所要达到的目的。对干部职务的任免,不宜采用以姓氏笔画为序的排列方式。该通知从职务高低、职位的重要性这些角度来考量。按照职务高的排列在前、职位相对重要的排列在前的方式来进行处理。本文同时有免职的内容。任职在前,免职在后。

例文六

1. 原文

县人民政府转发县发改委
《关于当前工业生产的意见》的通知

各乡、镇人民政府,县直各单位:

县人民政府同意县发改委《关于当前工业生产的意见》,现印发你们,请遵照执行。

　　当前,全县工业园地万紫千红,百花争艳,工业生产形势喜人、逼人。县人民政府希望工业战线广大职工借这股强劲的东风,像园丁一样,开动脑筋,群策群力,辛勤地耕耘我县的工业园地,努力奋斗,勤俭节约,力争超额完成今年全县工业生产任务,多创利税。把我县工业生产推向一个新台阶。

××县人民政府

××××年×月××日

　　2.分析

　　这是一篇转述性通知,是上级机关转述下级机关的公文。

　　对照行文要求,这篇通知主要有以下两个毛病:

　　(1)标题不规范。上级机关转述下级机关的公文,应用"批转"一词,而这篇通知却用"转发"一词。

　　(2)用语不符合公文要求,公文一般不能使用文学性描述语言。这篇通知的用语基本上是文学语言,如"全县工业园地万紫千红,百花争艳""借这股强劲的东风""像园丁一样"等。

例文七

　　1.原文

县人民政府办公室批转

《县科委关于做好职称评定工作的报告》的通知

各乡、镇人民政府,县直各单位:

　　经县人民政府同意,现将《县科委关于做好职称评定工作的报告》印发你们,请贯彻执行。

××县人民政府办公室

20××年×月××日

　　2.分析

　　这是一篇转述性通知,是转述同级机关的公文。

　　这篇通知的标题存在的毛病:一是转述通知用于转达同级机关的公文时,应用"转发"一词,不应用"批转"一词;二是书名号使用不当。转述一般公文时,不应用书名号。只有在转述法规时,才能用书名号。

例文八

1.原文

县人民政府批转省人民政府关于学习
宣传中华人民共和国森林法的通知的通知

各乡、镇人民政府,县直各单位:

现将《省人民政府关于学习宣传中华人民共和国森林法的通知》印发你们,请即贯彻执行。

一年以来,我县连续发生森林大火,是由于生产用火造成的。各乡、镇要从中吸取教训,严格生产用火。如再发生事情,要追究主要领导的责任。

××县人民政府

201×年×月××日

2.分析

这是一篇转述性通知,是转述上级机关的公文。

该文的主要毛病如下:

(1)转述上级机关的公文标题不应用"批转",应用"转发"。

(2)引用的法规性公文名没有用书名号引起来。标题与开头语中的"中华人民共和国森林法"应用单书名号引起来,标题中的"省人民政府关于学习宣传〈中华人民共和国森林法〉的通知"应用双书名号引起来。

(3)按语第二自然段不符合行文要求。按照行文要求应一文一事,转述性通知按语部分只能就转述的公文表明态度,加以强调,提出要求和希望。这篇通知的按语应围绕本县如何贯彻省人民政府的通知来写,提出贯彻要求,而该通知按语部分第二自然段却写成了要吸取两次森林大火的教训,严格生产用火。显然文不对题,不符合行文要求。

(4)此转发的公文本身是"通知",为了避免标题中重复出现"通知"二字,可以不标文种,这样标题更简练。

例文九

1. 原文

××市政府关于成立××项目筹建指挥部的通知

×市发〔12〕021号

×××××××：

　　为了做好××项目筹建工作,市政府决定成立××项目筹建指挥部。指挥部领导成员名单如下：

　　指挥长：××市副市长；

　　副指挥长：××市计委副主任；

　　××市政府办副主任；

　　×××××县县长；

　　×××,××县委老干部局局长；

　　×××,××县人大常委会副主任；

　　××县团委副书记。

　　××项目筹建指挥部下设机构及机构负责人,由指挥部确定。

××市政府

2012年×月××日

2. 分析

这篇通知主要有以下两个方面的毛病：

（1）文号不规范。公文文号中,年号不能简写,编号前面不能加零。这篇通知文号中把年号简写为"〔12〕",编号书写为"021",显然是不规范的。

（2）违反了党政分工原则,违反了干部人事管理制度。按照我国现行政治体制和干部人事管理制度,国家行政机关不能给党委、人大发通知,不能任免党委、人大的干部。这篇通知任命县委老干部局局长、县人大副主任、县团委副书记为副指挥长是不妥的。

例文十

1. 原文

××市办公室关于
召开全市体育工作会议的通知

各市、县人民政府,地直各有关单位:

市定于今年四月三日至六日召开全市体育工作会议,现将会议的有关事项通知如下:

一、参加会议人员:

各市、县人民政府分管体育工作的领导一人;

各市、县体委主任一人;

市教委、总工会、民委、计委、财政局、人事局、劳动局各一人。

二、会议报到时间、地点:

请参加会议人员于四月二日到市第一招待所报到。

××市办公室

2015 年×月××日

2. 分析

这是一份直述性通知,也称会议通知。其文字比较简练,但也存在一些毛病:

(1) 缺少会议内容。会议通知正文一般要写明会议内容、参加会议人员、会议时间和会议地点。因此,这份通知应补上会议内容。

(2) 通知总工会一人参加会议不妥。总工会是群众团体,与市不是隶属关系,按照国家行政机关行文规定,市不能通知总工会一人参加会议。如确需要,在通知中只能写邀请总工会一人参加会议。

(3) 量词拟使用阿拉伯数字,正文日期不用中文。

例文十一

1. 原文

××县卫生局《会议通知》

〔2015〕卫字第 10 号

全县各食品加工业:

根据上级要求,对全县食品加工行业的卫生状况进行一次全面大检查,我

们拟召开食品加工行业负责人会议,现将有关事项通知如下:

一、会议时间:2015 年 2 月 14 日在县第三招待所报到,会期二天。

二、参加会议人员:全县国营、集体食品加工业及县个体劳协各来一名负责人,各乡、镇派一名代表列席会议,不得缺席,否则一切后果自负。

三、食宿等一切费用完全由个人自理。

××县卫生局

2015 年 2 月 10 日

2.分析

这份通知的主要毛病如下:

(1)标题不合规范。标题中的事由不完整、不准确,未明确写出是什么性质或名称的会议,不应加书名号。

(2)用语模糊不清。开头语内容不明、目的不清。主送写"全县各食品加工业",从字面意思上理解,好像该县有两个、三个甚至更多个"食品加工业"。其实在实际生活中,只有一个"食品加工业"。"我们拟召开食品加工行业负责人会议"一句的意思模糊不清。在一个县里,"食品加工行业负责人"指谁?是指县食品公司、饮食公司、粮食公司的负责人?还是县食品加工厂、粮食加工厂的负责人呢?因此,这份通知很难发得出去,即使发出去,也无人来参加会议。

该通知在讲到参加会议人员时,提到"……各来一名负责人",一个县只有一个"食品加工业",不能"各来一名"。

开会的时间也不明确。"会期二天",从哪天到哪天?另外,"2015 年"与"二天"的写法也不适宜,前者可以删掉,后者应写作"两天"。

"食宿等一切费用完全由个人自理"这句话,没有讲清是由参加会议人员所在单位自理,还是由参加会议的人员自理。这种表述会给实际工作造成误会或麻烦。

(3)提法不大实际。"不得缺席,否则一切后果自负"一语,很不得体,带有强制性,令人较难接受,实际上也办不到。

(4)发文号不规范。不符合规定,应写作"×卫〔2015〕10 号"。

例文十二

1.原文

关于刘××等同志任免职的通知

各市、市委……：

省委批准：

刘××同志任中共××(A)市委书记；

张××同志调省另行分配工作；

王××同志任中共××(B)市委书记；

免去李××同志中共××(B)市委书记职务。

中共××省委

2015 年×月×日

2.分析

这份任免通知的主要毛病如下：

(1) 标题与正文不贴切。标题是"任免职的通知"，而正文中只有关于刘××、王××、李××的任免职，而没有关于张××的任免职。文中只是交代了张××的去向，而其是否任免职，均没有提及，受文单位不免费解。

(2) 任职与免职顺序颠倒。同单位同一个职务的任免，其行文顺序应是先免后任。这种行文顺序的颠倒，与实际不符，也不合乎人们的思维习惯，虽然不是大的原则问题，但也应当纠正。

第九节　通　　报

一、通报概述

(一) 适用范围和特点

通报适用于表彰先进、指出错误、传达重要精神或者情况。

它的作用是表扬好人好事、批评错误和歪风邪气，通报应用引以为戒的恶性事故，传达重要情况以及需要各单位知道的事项。其目的是交流经验，吸取教训，教育干部、职工群众，推动工作的进一步开展。

通报的内容，常常是把现实生活当中一些正反面的典型或某些带倾向性的重要问题告诉人们,让人们知晓、了解。通报的目的,不仅仅是让人们知晓内容,更重要的是让人们知晓内容之后,从中接受先进思想的教育,或警戒错误,引起注意,接受教训,这就是通报的教育性。这一目的,不是靠指示和命令方式来达到的,而是靠正面、反面典型的带动、真切的希望和感人的号召力量,使人真正从思想上确立正确的认识,知道应该做什么,不应该做什么。作为通报,尤其是对表扬性通报和批评性通报来说,在这方面的作用更明显。

(二) 结构模式

1. 标题

有规范的完整标题,也有"事由＋文种"的标题,如"关于纠正省政府机关建房分房中不正之风的情况通报"。有时也可以只写"通报"二字。

2. 主送机关

一般通报都有主送机关,少数普发性通报可以不写此项。

3. 正文

正文主要由总提、事实、决定、要求四个部分组成。

总提,也叫导语,放在通报的开头,要求用简明扼要的文字概括制发通报的原因、概况及全文中心,然后才转入具体事实的陈述。

事实,主要写通报事项。不管是哪种类型的通报,都要把通报事实详细地写出来;否则,受文者不了解通报事实的来龙去脉、是非曲直,就不可能充分认识制发通报的重要性,所以这部分的内容要详细具体。如果是表扬性通报,要把先进典型的主要事迹、主要特征、主要经验、意义等认真加以介绍;如果是批评性通报,则要写出错误倾向、行为的发展过程、性质、危害、结论等。传达的重要情况与重要精神,要写清具体内容、性质及发展态势等。这部分内容主要有三种结构方式:① 纵式,即按照时间顺序,写出事情的发生、发展、结果等全过程;② 横式,即把通报对象的事迹、行为或主要精神与情况,按性质分层列项一个一个地写出来;③ 纵横结合式,即把第一种和第二种的方式结合起来写。

决定,是通报的核心内容之一。传达重要精神或情况的通报,有些没有这部分的内容,如果有,都是结合对于通报的意见去写的。表扬性通报,要把授予什么等级的荣誉称号、什么样的奖励,是表彰还是嘉奖等写清楚。批评性通报要把对违纪者或事故责任者给予惩戒的类别:通报批评,警告,留党、留职察看,经济处罚等及其他决定准确无误地写出来。这部分内容,文字虽然不多,但它体现了通报的目的和前因后果的关系。

要求,是通报的落脚点。写作时要围绕号召人们学习先进、避免某种错误行为、重视某一情况、贯彻某一精神等去提希望与要求。这部分内容常见的写法有两种:一是具体性的写法,即在前两部分内容的基础上,具体提出要求与希望。凡影响面广、涉及面广的通报,大多采用此方法。二是以一般性的号召用语或警戒用语结束,号召受众学习或警示告诫受众,而没有进一步提出具体的要求或相应的措施。这种结尾适用小范围内、影响力一般的通报。

4. 落款

此处写发文单位和日期。如果发文单位在标题前已加上去,此处可以只写日期。下发或张贴的通报要加盖公章。

二、范例

例文一

1. 原文

北京市人民政府办公厅关于阳光五月歌厅 "3·1"火灾事故调查处理情况的通报

各区、县人民政府,市政府各委、办、局,各市属机构:

2007 年 3 月 1 日 8 时 20 分左右,位于朝阳区十八里店乡的阳光五月歌厅发生火灾,造成 2 人死亡、3 人受伤的严重后果。经市政府同意,市安全生产监督局、市监察局、市公安局、市文化局、市公安局、市消防局、市总工会、朝阳区政府等有关单位组成事故调查组,按照"四不放过"的原则,对事故进行了调查处理,现将有关情况通报如下:

一、事故调查情况

事故的直接原因:歌厅工作人员行为过失造成吧台内电烙铁在通电状态下引燃周围可燃物。事故的间接原因:一是歌厅安全管理混乱,不具备安全条件。该歌厅未申请消防许可并伪造消防安全检查意见书;未制定和落实消防安全制度、消防安全操作规程;未按规定配置消防设施、器材和安全标志;只设置 1 个安全出口,违反了歌厅安全出口不得少于 2 个的规定,且起火位置恰好位于出口部位,致使歌厅内人员无法逃生。二是安全监管不力,有关部门责任落实不到位。朝阳区公安分局消防支队的检查工作及内部管理存在问题;该歌厅自 2006 年 3 月起即开始非法从事娱乐经营活动,一直未取得卫生许可证和营业执照,朝阳区工商分局十八里店工商所取缔无照经营工作不力;该歌厅于 2006 年 12 月取得娱乐经营许可证,朝阳区文化委员会在行政许可及检查工作中存在漏洞;朝阳区公安分局十八里店派出所没有将发现的问题及时向有关部门通报;朝阳区十八里店乡综治办未及时采取相应措施。

鉴于上述原因分析,调查组认定,这是一起由于经营场所不符合消防安全规定以及人为过失而引发的责任事故。

二、事故处理情况

为吸取教训,决定对事故责任单位和责任人员依法作出如下处理:

(一)阳光五月歌厅经营者高建非法从事经营活动,保安员兼收银员黄冠行为过失造成火灾,郑虹伪造消防安全检查意见书,以上 3 人均由公安机关立案侦查,依法追究刑事责任。该歌厅娱乐经营许可证由朝阳区文化委员会依法予以撤销。

(二)朝阳区公安分局消防支队民警崔树权已被调离执法岗位,由市公安局纪检部门对其进行立案调查;给予朝阳区十八里店工商所主管副所长赵剑宇行政告诫,并对该工商所予以批评;给予朝阳区文化委员会现场检查人员殷小鹏和金再夺、第三执法分队队长刘秀敏、朝阳区十八里店乡综治办副主任科员祁连行政告诫;对朝阳区十八里店派出所予以通报批评。

三、预防措施和工作要求

为防止类似事故再次发生,现就进一步加强本市人员密集场所安全监管工作提出以下措施和要求:

(一)各区县、各有关部门要按照《北京市人民政府办公厅转发国务院办公厅关于在重点行业和领域开展安全生产隐患排查治理专项行动公文的通知》(京政办发〔2007〕34 号)要求,结合本市 5 个关于人员密集场所安全生产的规定,认真组织开展隐患排查治理专项行动,消除各类事故隐患。

(二)严格执行行政许可法等相关规定,从源头上杜绝不具备安全条件的申请人取得相关行政许可。

(三)加强行政许可后的监督检查,各有关部门要建立行政许可信息共享机制,密切配合,齐抓共管,对存在安全隐患或不具备相关条件的生产经营单位依法进行查处。

(四)严格落实行政执法责任制,加强对执法工作程序的监督和控制,依法严肃查处本单位工作人员失职、渎职行为。

二○○七年七月十七日

2.分析

公文标题由"发文机关名称＋事由＋文种"构成。

第一段,概述事故发生的时间、地点、经过和结果,调查组构成,工作原则等。

第二段,深入剖析事故发生的直接原因与间接原因。

第三段,点明调查结论,有理有据。

"二、事故处理情况",采用"撮要"的方式,条理清晰,层次分明地进行介绍。从经营者、监管者两方面,对事故责任单位与人员做出不同程度的处理。"三、预防措施和工作要求"同样采用"撮要"的方式,条理清晰、层次分明地说明预防措施与要求。从排查隐患、严格行政执法与监督、落实执法责任制等方面分项提出安全问题的预防措施和要求。

全文由开头与主体构成。结构合理,逻辑清晰;内容充实,原因分析透彻,措施和要求的针对性、可行性强;语言准确精练,行文流畅。本文较好地体现了情况通报的写作特点。

例文二

1.原文

共青团××县委关于表彰张××同志先进事迹的通报

各乡镇、中学团委,县直各单位团组织:

张××,男,2007年8月参加工作,2009年6月任××乡团委书记。2014年7月13日,县计生局和××乡政府工作人员在该乡华洋村检查计划生育工作时,遇到该村村民李某的无理阻挠,李某挥舞长约40厘米、宽5厘米的砍刀袭击检查组工作人员,面对危险情况,张××同志奋不顾身冲上前阻止他的袭击,致使头部、肩部、背部被砍中数刀,由于伤势严重,先后被转送乡、县、地多级医院接受治疗,经医治,伤势已痊愈。

张××同志自担任团委书记以来,以团干部的标准严格要求自己,积极圆满地完成上级团委和党委、政府布置的各项工作,并事事为先、勇当排头兵,体现了一名团干部的优秀品质。在团建创新、青年农民知识化、团员青年思想道德教育等方面取得了较好的工作业绩。在抓青年团员的思想教育工作中,形成了抓学习、抓骨干、抓契机、抓阵地的有效做法;在推进青年农民知识化工作中,通过引进来和送出去培训相结合的方式,有效地提高了该乡青年的就业创业能力。

　　张××同志是我县正在开展的"新时期团干部形象大讨论"过程中涌现出的基层团干部的先进典型,他的事迹充分体现了立足本职、大胆实践、务实创新、奋勇争先、不畏艰险的工作作风和优秀品质,展示了我县新时期团干部的优秀风采。为表彰张××同志的先进事迹,团县委决定对张××同志进行通报表彰。

　　全县各级团组织在今后工作中要充分发挥基层团组织和广大共青团员的战斗堡垒作用,继续抓好团员先进性教育。要深入挖掘先进典型,认真组织团员青年,学习先进人物的模范事迹,激发广大团员青年立足岗位、建功成才的热情,努力开创新时期共青团和青年工作的新局面,继续团结和带领广大团员青年,为全面建设生态小康县而努力奋斗!

2014 年 8 月 13 日

　　2.分析

　　公文标题由"发文机关名称+事由+文种"构成。

　　主送机关以统称的方式来表示。

　　第一段,公文开头介绍被表彰人员的个人情况,以便读者理解后文内容。该段第二句,扼要介绍了张××的先进事迹。

　　第二段,剖析张××过去的良好工作业绩是他先进事迹的背景原因。

　　第三段,第一句话是团县委对张××同志的评价。该段最后一句是团县委作出的表彰决定。

　　第四段,公文结尾,通过一系列动宾结构短语提出工作要求和号召,便于各级团委组织学习和贯彻公文精神。

　　全文由开头、主体、结尾三部分构成,结构合理,层次清楚,内容充实,语言质朴,行文流畅,采用夹叙、夹议的方式,有利于叙事析理,有助于发挥通报的教育与指导作用。

例文三

　　1.原文

国务院办公厅关于内蒙古自治区人民政府
制止违规建设电站不力并造成重大事故的通报

各省、自治区、直辖市人民政府,国务院各部委、各直属机构:

　　2004 年以来,国务院多次要求各地区采取积极有效措施,坚决制止电站

95

项目无序建设。但内蒙古自治区人民政府未能认真贯彻执行国家有关政策和规定,在制止违规建设电站方面工作不力,违规建设的丰镇市新丰电厂发生重大施工伤亡事故。为保证中央方针政策和宏观调控措施得到落实,增强宏观政策的公信力和执行力,防止类似事件再次发生,经国务院同意,现将有关情况通报如下:

一、经调查,内蒙古自治区违规建设电站情况十分严重,其规模高达860万千瓦。新丰电厂属于内蒙古自治区有关部门越权审批,有关企业违规突击抢建的项目之一。内蒙古自治区违规建设的有关电站项目被国家有关部门责令停止建设后,自治区人民政府没有按国家要求认真组织清理,有效加以制止,致使一些违规电站项目顶风抢建、边建边报、仓促施工,最终酿成2005年7月8日新丰电厂6死8伤的重大施工伤亡事故。同时,内蒙古自治区人民政府执行国家电力体制改革方案有偏差,允许专营电网的内蒙古电力(集团)有限责任公司建设新的电站项目,形成新的厂网不分。

二、新丰电厂违规建设并发生重大伤亡责任事故,是一起典型的漠视法纪、顶风违规并造成严重后果、影响极坏的事件。目前事故有关责任人和责任单位已受到党纪政纪处分,触犯法律的已由司法机关依法处理。国务院同时责成对项目违规建设负有领导责任的内蒙古自治区人民政府主席杨晶、副主席岳福洪、赵双连向国务院做出书面检查。

三、内蒙古自治区人民政府没有认真领会和严格执行国家宏观调控政策和电力体制改革规定,未从全局高度认识电站盲目布局、无序建设的危害性,对国家宏观调控的全局性、重要性和严肃性缺乏深刻认识,按程序办事的意识不强,这是内蒙古自治区违规建设电站总量较大、无序建设得不到有效制止的重要原因。为严肃政纪,现对内蒙古自治区人民政府予以通报批评,所有违规电站项目一律停止建设,认真进行整顿。内蒙古自治区人民政府要以此为鉴,提高认识,切实整改。

四、各地区、各部门都要从这起事件中吸取教训,引以为戒。要牢固树立和全面落实科学发展观,切实增强全局观念,认真贯彻中央各项宏观调控政策措施,坚决维护中央宏观调控的权威性,加强纪律,确保政令畅通。对有令不行、有禁不止并造成严重后果的行为,要依法依纪追究责任。

二〇〇六年八月十八日

2.分析
公文标题由"发文机关名称+事由+文种"构成。

第一段,简要交代发文背景、目的,引出后文内容。该段末"经国务院同意",说明发文的合法依据。使用"现……通报如下"过渡至下一层次。

第二段,简要地说明违规事实产生和发展的基本情况及所造成的严重后果。

第三段,依据调查事实作出定性结论;明确对责任人、责任单位的处理意见。

第四段,深入分析违规事实发生的重要原因,明确地表明态度:通报批评,并对其今后工作提出要求。

第五段,要求各地区、各部门从中"吸取教训,引以为戒",以充分发挥通报的教育警示作用。

全文主题明确,事实交代清楚,结构合理,逻辑层层递进,用语庄重得体,简明扼要。使用夹叙夹议的方式行文,分析深入透彻,便于受文者理解执行。

例文四

1. 原文

××省旅游局关于表彰×××和

×××景区的通报

×旅发[200×]×号

各市、州旅游局:

　　近些年来,×××和×××两个景区按照文明开发、文明经营、文明服务、文明管理的创建要求,坚持"游客至上、服务至上、信誉至上"这一理念,以游客的需求为出发点,以游客的满意为目标,切实推行"人性化、亲情化、个性化"的服务,加强对从业人员的教育、培训和管理,营造了良好的旅游环境和氛围;坚持"严格保护、统一管理、合理开发、永续利用"方针,精心制定科学、合理的建设保护规划,加强旅游资源保护和生态环境建设,成为了全国精神文明建设创建活动的先进典型。

　　200×年×月×日,中央文明委、建设部和国家旅游局在北京联合召开大会,对荣获"全国创建文明风景旅游区工作先进单位"称号的49个景区进行表彰,我省×××和×××景区获得了这个荣誉称号。

　　为此,省旅游局决定对×××和×××景区给予通报表彰。衷心希望××和×××景区珍惜荣誉,戒骄戒躁,百尺竿头,更进一步,为××旅游发展作出进一步的贡献,为加快建设旅游经济强省、推进××发展新跨越、全面建设小康社会而努力奋斗。

××省旅游局

二〇〇×年×月××日

2.分析

该文在内容、结构、语言、发文字号、成文日期等方面存在问题,现分述如下。

(1)内容不完整。

表彰性通报的目的不仅在于对作出突出贡献的"点"进行表彰,更重要的是意在通过揭示"点"的先进思想、先进精神或者先进事迹,树立榜样,推而广之,推动"面"上的工作更好地开展。

而该文只是就"点"论"点",没有体现出"以点带面"这一表彰性通报本应体现的文体功能,因此,原文在内容上有不完整之处。

修改建议:在末段对×××和×××景区提出表彰和希望后,应增加号召其他各市、州旅游局向先进典型学习的内容,以充分发挥通报的文体功能。

(2)结构不合理。

首先,原文第二段的内容实际上是和这则表彰性通报密切相关的一个大背景,放在文首更合乎逻辑。先交代背景,再介绍先进事迹,最后宣布通报表彰。这样调整后的结构顺序更加符合人们的认知心理,也更有利于通报作用的发挥。

其次,原文第一段中的"切实推行'人性化、亲情化、个性化'的服务,加强对从业人员的教育、培训和管理"一句,在语序安排上亦显不妥。从逻辑上讲,应是先加强管理,然后才是推行相应的良好服务。因此,有必要对这一表述做出调整,即改为"加强对从业人员的教育、培训和管理,切实推行'人性化、亲情化、个性化'的服务"。

(3)语言不精练。

原文有多处语言不精练,影响了公文的庄重性和执行力。试作如下修改:

第一段的"近些年来"改为"近年来","×××和×××两个景区"中的"两个"可考虑删去,"……这一理念"改为"……的理念",两个"游客的"均改为"游客",最后一句中的"成为了"可改为"成为"。

第二段的最后一句的"……获得了这个荣誉称号"可改为"……获此殊荣"。

第三段第二句中的"衷心希望"一词欠妥,削弱了公文的权威性和执行力,应删去"衷心"二字,以增强公文的权威性和执行力;"为××旅游发展作出进一步的贡献"中的"进一步"与前文的"百尺竿头,更进一步"有些重复,可考虑将"进一步"改为"更大"。

(4)发文字号、成文日期不规范。

发文字号年份应标全称,用六角括号"〔〕"括入。而原文中的发文字号用的是中括号,因此应将其改为六角括号。

上述问题虽小,但亦不容忽视。尤其对那些初涉机关文秘岗位的同志而言,更应注意这些细节问题,以便养成严谨细致的良好作风和文风,方能"于细微处见精神",赢得领导的赞许、同事的认可和群众的好评。

> **·用于表彰的"决定""通报""命令"的辨析·**
>
> 从"表彰先进"的功能来看,"决定""通报""命令"均具有这个功能,这种"表彰先进"的功能如果遇到表彰类公文就拿来用就会造成错用文种的现象。实际上,这三种文种之间有严格的区别:从发文机关来看,只有具有发布"命令"的权力机关才能使用嘉奖令,如中央军委、国务院及各部委。而其他的党政机关只能根据表彰内容及要求来选择用"决定"或"通报"来进行表彰。从奖励的级别来看,对事迹特别突出、贡献特别重大的单位或个人进行奖励(如国家级的荣誉称号)用"命令";对贡献显著、突出的奖励用"决定";对先进事迹但还够不上嘉奖、记功等的奖励、表扬用"通报"。从行文目的来看,嘉奖令和奖励决定偏重于组织下结论,对单位或个人事迹给予肯定和表扬。而表彰性通报偏重于宣传好人、好事,树立典型,起到宣传教育的作用。从奖励的内容来看,表彰决定是精神与物质奖励并重。而"命令"和"通报"的表彰以精神奖励为主,一般没有物质上的奖励,"通报"不作为奖励和处分的凭证,只是为了让他们从中吸取教训,所以对于一些够不上奖励的正面典型用"通报"。
>
> 而"命令"和"决定"是要作为奖励凭证的,一定要够得上奖励条件才发布"命令"或"决定"。而且,用于奖励的"命令"和"决定"也是有区别的。有资格发布命令的单位用"命令"奖励有关人员,显得隆重。而没资格发布命令的单位对有关人员的奖励就使用"决定"。如:《国务院、中央军委关于授予李鸿武同志"抗洪抢险模范民兵营长"荣誉称号的命令》(国发〔1992〕13号)、《云南省人民政府关于表彰云南省优秀乡镇企业家、乡镇

企业家先进工作者、发展乡镇企业先进乡(镇)、村(居)委会和百强乡镇企业的决定》(云政发〔2005〕30号)、《温州市人民政府办公室关于表彰温州市创建中国旅游城市工作先进单位、先进个人的通报》(温政办〔2003〕129号),这三种公文选用的表彰文种就很恰当。

1."命令"与"通知"的比较

"命令"与"通知"从发布行政法规和规章这一点来说一不注意就会用错:"命令"常用的是发布重要的行政法规和规章;而"通知"用于发布一般的行政法规和规章。

2."决定"与"通知"错用

在公文处理实践中,"决定"与"通知"错用的情况时有发生。如《××教育局关于撤销××同志科长职务的通知》(××教字〔2002〕×号),此处应该用"决定"而被错用成"通知"。主要原因在于某些发文机关将"决定"中适用于"奖惩有关单位及人员"与"通知"的"任免和聘用干部"的适用范围理解错误。干部任免属于正常的人事变动而不是奖惩事项,因此要使用"通知",而这份公文是采取"撤销、开除等处罚"事项,要使用"决定"。

3."通告"与"通知"的错用

"通告"与"通知"的错用是由于公文作者对两者的知照性分工不明确,"通告"适用于在一定范围内公布应当遵守或者周知的事项。

"通知"适用于发布、传达要求下级机关执行和有关单位周知或者执行的事项,用于批转、转发公文。"通告"的公布性表明,"通告"向不特定人群告知,无主送机关,而"通知"向特定人群告知,必须标明主送机关。如:《××公安局关于高考期间实行交通管制的通告》(××公字〔2013〕×号),这是向不特定人群告知,因而要使用"通告"。

第十节 报 告

一、报告概述

(一) 适用范围和特点

"报告"是党和国家机关以及企事业单位使用频率极高的一个文种,适用于向上级机关或业务主管部门汇报工作、反映情况、答复上级机关的询问,是典型的上行文。

报告的特点:① 报告是陈述性公文,主要叙述事实。行文时要掌握充分的材料,详略得当,重点突出;② 上级不作答复,不能夹带请示事项,但可以将建议性报告批转有关下级机关;③ 一般在事情过程中间或之后撰写。

按行文的目的与作用不同,"报告"一般分为工作报告、情况报告、呈请性报告、例行报告、回复性报告、送文送物报告等六个类别。

(二) 结构模式

1. 标题

报告的标题,有两种:一是发文机关＋主要内容＋文种的写法,如"中共中央纪律检查委员会关于清理党政干部违纪违法建私房和用公款超标准装修住房的报告";二是主要内容＋文种的写法,如"关于进一步加强我市公共场所防火工作的报告"。

2. 主送机关

对于行政机关的报告,主送机关要尽量少,一般只送一个上级机关即可。但行政机关受双重领导的情况比较多见,只报送其中一个上级机关显然不妥,因此,有时主送机关可以不止一个。报告应报送自己的直接上级机关,一般情况下不要越级行文。

通常,向上级机关行文时,应当主送一个机关;如需其他相关的上级机关阅知,可以抄送。

3. 正文

报告正文的结构一般由开头、主体、结尾三部分组成。其写法如下:

(1) 开头。一般先总述前一阶段(或前一个时期)的工作情况,包括取得的成绩和存在的问题,以此作为发文的依据,然后常用"现将有关情况报告如下"作为过渡语,引起下文。这部分要落笔入题,上承报告标题中的事由,下启正文主体内容。

(2) 主体。报告的主体是报告的重点内容。如果是综合性报告,可采用条款式。反映某一方面情况的报告,应写明事情经过、原因和结果;侧重总结工作经验的报告,则要对成绩和存在的问题进行必要的分析,然后加以归纳;作情况报告,应写明工作的进展或完成情况、取得的成绩和存在的问题、经验和教训,也可简单地交代下一步工作的安排或打算;事故或事件的报告,就要写清发生事故或事件的时间、地点、单位,涉及的人员,事故的详细情况或事件的经过,造成的后果或影响,还要分析主观和客观原因,最后写明处理情况或提出处理意见,如果是责任事故,还要对直接责任者和有关领导提出处理的意见;根据上级的询问作出的答复报告,一般按询问的内容作答即可;至于备案报告,一般都比较简单,只需报告何时、何种会议通过了何事项,如果是规范性公文,可将其作为附件附在报告后面。

(3)结尾。报告的结尾,常用"特此报告""特此报告,请审阅""以上报告如有不当,请指正"等惯用语来结束全文。

(4)落款。正文右下方署上发文机关和发文日期。

二、范 例

例文一

1.原文

××××银行办公厅公文
×行办〔2004〕101号

××××银行办公厅
关于公路行业贷款情况的报告

中国银行业监督管理委员会办公厅:

根据银监会银行监管三部5月21日电话通知要求,我行对2003年末和2004年一季度公路行业的贷款情况进行了汇总分析。现将有关情况报告如下:

一、公路行业贷款的基本情况

(一)总体情况。截至2003年末,我行总计承诺公路行业贷款×亿元,累计发放贷款×亿元,累计回收贷款本金×亿元,贷款余额×亿元,按五级分类不良贷款率×%。

2004年一季度,我行对公路行业新承诺贷款×亿元,新发放中长期贷款×亿元,贷款余额×亿元,本息回收率达×%,其中欠息项目×个,欠费×万元,不良贷款率不足×%。

(二)高速公路贷款情况。截至2003年末,我行总计承诺高速公路贷款×亿元,累计发放×亿元,累计回收贷款本金×亿元,贷款余额×亿元。其中2003年当年发放×亿元,全部为优良资产。

2004年一季度,我行对高速公路新承诺贷款×亿元,发放中长期贷款×亿元,贷款余额×亿元,占整个公路行业的×％,本息回收率×％,全部为优良资产。

二、存在问题及潜在风险因素

(一)存在问题

我行贷款的公路项目中,少数项目可能会出现现金流不足的情况,因为新建公路交通量都有一个前低后高的形成过程,随着经济社会的发展、交通量的增加,在整个贷款期内现金流可以实现平衡。

(二)风险因素

1.借款人过度负债带来的风险。借款人利用各银行间的竞争超规模使用银行贷款,导致资本金实际到位比例难以达到国家要求;项目公司债务负担过重,负债结构不合理;资金管理难度大。

2.交通行业投融资体制改革带来的风险。近年来,一些省政府已开始对交通投融资体制进行改革,鼓励和引导社会资金以独资、合资、特许经营等多种方式参与公路建设,形成多元化投资格局。该项改革给公路项目贷款带来的风险体现在借款人风险和还款来源风险两方面。就借款人而言,新组建的项目公司多数股权结构不稳定,缺乏公路项目建设经营管理经验;就还款资金而言,交通厅不承担兜底偿还责任,贷款资产质量对通行费收入的依赖程度大大提高。

3."费改税"带来的政策风险。养路费不仅是各省交通厅公路建设项目资本金来源渠道之一,还是交通厅承诺用规费作还款保证的重要资金来源。养路费改燃油税后,没有明确的燃油税可以用来还款,地方财政部门资金审核、拨付的手续和进度会对交通部门能否及时、足额用款产生一定影响。

4.银行多头授信带来的风险。对交通厅类借款人,我行按照规费收入规模和项目效益情况测算其负债空间,作为贷款规模的控制指标。但交通厅负债空间应对各银行都有约束作用,任何一家银行超过交通厅最大负债能力增加贷款,都会加大其全部存量资产和增量资产的风险。

5.项目效益风险。我国高速公路是按照全国形成合理路网的原则规划和建设的,由于各地经济发展不平衡,路网还很不完善,交通量的形成受到一定影响,部分路段建设可能超前,项目建成初期效益较差。我行承贷的部分建成通车项目尤其是西部地区通车项目,初期的实际交通流量与预估流量相比尚有一定差距,通行费收入还不能覆盖所需偿还的本息,需补充还款资金。

6.担保风险。一是公路收费权质押担保实施细则没有出台,各省的操作方法不一致,有些已建成但尚未验收项目还未完成质押登记;二是目前没有质押登记披露制度,难以避免出现重复质押问题;三是由于公路项目收费权只有在项目建成后才能够实现,建设期风险需要其他担保措施来覆盖。

三、针对风险采取的措施

(一)严格贷款条件,强化信贷管理,有效控制风险。公路行业是我行贷款优质客户,贷款额度大,期限长。对此,我行历来严格按照风险防范的要求,认真评审、审查,并做好贷后管理工作。严格贷款条件和借款人尤其是新组建的项目公司的资信审查,重点完善借款人内、外部治理结构和符合借款法人条件,详细测算借款人和项目现金流,确保还款资金的落实,努力推动借款人信用结构和信用发展度的提升,以信用建设推动并控制风险。加强在建项目的监控,实行单个项目的统计监管台账,确保贷款资金的合规使用,严格控制资本金及配套资金到位比例。对所有公路行业项目,我行力求做好资产质量的滚动预测,以及收费权质押动态价值评估管理,确保贷款的按期偿还。

(二)加强银行间的融资合作,共同控制借款人负债规模风险,维护银行的利益。对交通厅类借款人,我行加强与其他银行合作研究和控制其负债空间。对公司类借款人,我行与其他银行采取直接银团贷款方式,加强对项目借款规模的独制,统一贷款条件,共同维护银行利益。

(三)对部分效益较差的项目采取了多种措施,降低项目风险。在对项目评审和设计信用结构时,我行要求交通厅承诺补贴还款、与效益较好项目打捆贷款、用借款人综合收益作还款来源等,确保我行贷款质量。

(四)防范公路行业投融资体制改革带来的信贷风险,构建新的信用结构体系,特别是费改税政策实施后,建议银监会牵头与财政部门联系,确保交通厅原承诺的有效性。

(五)落实担保措施,使其成为资产质量的有力保证。尽管对普遍采取的收费权作质押的方式,目前国家还没有出台实施细则,实际操作中也没出现问题,但我行仍将在今后的管理中加强与交通厅的密切联系,共同规范合同文本和登记办法。

(六)积极研究公路存量资产的证券化。对此,我行已向银监会、人民银行上报了具体方案,待批准后可使公路行业风险从长期信用风险转为市场风险,并更为公开、透明。

　　以上情况,特此报告。

（公章）

二〇〇四年五月二十六日

　　2.分析

　　（1）原文要有规范的格式。首先,该类报告是应上级机关要求或询问而被动行文,因此开头要把报告的起因交代清楚,如应上级机关公文要求(标题、文号要引用准确)、电话通知或上级领导批示(时间、情况交代清楚)等。例文开篇即交代了报告的起因,这使收(阅)文者一目了然。其次,例文在叙事部分运用了小标题标识,结构清晰、层次分明、要点明确,并正确使用了结构层次序数词,便于收(阅)文者了解报告主要内容,节省阅文时间。最后,例文结尾以标志性语言"以上情况,特此报告"结束全文,毫不拖泥带水。

　　（2）要有针对性的内容。"回复性报告"的一个显著特点是上级机关问什么答什么,应有问必答,实事求是,既不能挂一漏万,也不能画蛇添足,更不能答非所问。例文用三个部分报告了本单位公路行业的贷款情况。第一部分介绍了公路行业贷款的总体情况,主要运用了几组数据说明情况,文字十分简洁。第二部分分析了存在的问题和潜在的风险因素。第三部分提出了强化信贷管理和控制风险的具体措施。第二、三部分作为全文的重点,使用了较大篇幅来说明,该文在全面分析的基础上,提出了具体措施,具有较强的说服力和可信性,有助于上级主管部门了解情况、客观决策。总体来看,例文紧紧围绕主管部门的问题选材,其中心突出、结构严谨、详略得当。

　　（3）文字要简明扼要。语言精练,篇幅简短,是对所有公文的一般要求。"报告"作为上行文,更应注意此项要求。例文用少量的文字和数据简明扼要地写明了公路贷款的总体情况,用简练的语言分析了风险,并提出了防控风险的措施。

　　（4）注意与"请示"和"意见"的区别。三者同属上行文,但写"报告"要特别注意以下两点:一是"报告"中不得夹带请示事项。上级机关对"请示"和"报告"的处理方式不同,"报告"对上级机关没有肯定性的批复要求,而"请示"则相反。如果"报告"中夹带请示事项,上级机关可不予答复,容易误事。二是"报告"侧重反映情况、汇报工作,一般不涉及日后的具体工作意见和建议;"意见"适用于对重要问题提出见解和处理办法,陈述情况是为提出意见作铺垫,

105

其行文目的主要是请求上级批示、批转或表明自己态度。例文没有夹带任何请示事项，也没有过多地提出建议，说明作者很好地掌握了"请示""报告"和"意见"这三者的写作要求。

例文二

1.原文

关于××县××乡××村公所××屯
发生石山崩塌造成严重损失情况的汇报

省人民政府：

今年 7 月 10 日下午 2 时 30 分,我市××县××乡××村公所××屯发生一起石山崩塌灾情。村后的陡峭石山的巨石滚落摧毁山脚下的几十间房屋,夷为平地,形成一片废墟。据估测,塌下的山石近万方。有 6 块巨石每块体积七米见方的巨大山石矗立在废墟之下,造成灾害损失惨重。××屯全屯共有 76 户,412 人,其中受灾的有 16 户,95 人,因灾死亡 13 人,受伤 9 人(其中重伤 6 人,轻伤 3 人);倒塌民房 72 间,压死生猪 25 头,损失粮食 1.21 万斤。

灾情发生后,市委、市政府和××县委、县政府立即组织抢险救灾工作组赶赴现场抢险救灾,并组织民兵防暴应急小分队 300 多人投入抢险救灾。他们同心协力,共同奋战,经过三个多小时的抢救,终于全部挖出被倒塌房屋压住的 14 人(其中死亡 13 人,1 人得救)。对受伤的灾民及时送到医院抢救治疗。由于抢救及时,至使 6 名生命垂危的重伤员全得到脱险。对遇难者的尸体已妥善进行火化,大批救济物品已运达灾区。对灾民的吃、穿、住已作了初步安排,当即每人已发给大米 1 斤,面条 3 斤,食油 1 斤,煤油 1 斤以及日常生活用品等 19 余种,并计划每人安排两个月的口粮到夏粮接新。"一方有难,八方支援",在县委、县政府的领导带动下,县、乡的广大干部职工群众共捐献衣物×××× 多件,人民币×××× 多元,支援灾区,为帮助灾区群众尽快恢复生产,重建家园。

鉴于今年灾害性天气频繁发生,市政府于四月四日发出《关于认真做好防灾救灾工作的通知》,要求:一、切实做好防灾工作。各县(区)要认真采取有效防范措施,尽量减少灾害造成的损失。二、及早做好防汛工作。对防汛工作,不能有麻痹松懈思想,要立足于防大汛、防大旱、防大风,把各级防汛抗旱工作任务落到实处。今年汛期早,各级水利部门要对水利工程进行一次安全大检查,对病、险库及海河堤防,要抓紧加固除险,并做好组织和物资的准备,同时要注意旱情的发生。

谨此汇报。

××市政府

××××年五月六日

2.分析

这是一篇灾情报告,属于情况报告类的一种。这篇报告的主要毛病有以下几个方面:

(1)将机构名称与区域名称混用。如标题和正文中的"××村公所××屯"。村公所是机构名称,像乡政府、县政府等。从当前我国机构内部设置看,村公所内部没有设屯,只有村才设屯。很显然,本文起草者混用了"村公所'和"村"两个不同的概念,应该是"××村××屯",而不应是"××村公所××屯"。

(2)使用文种不规范。公文只有十类、十五种,没有"汇报"这一文种。因此,本文应改为"报告"。

(3)使用的计量单位不符合标准化要求。如"万方""七米见方""斤"。按照标准化要求,公文中应使用公制计量单位,不应使用市制计量单位。"万方""七米见方"应改为"立方米";"斤"应改为"公斤"或"吨""千克"。

(4)本文在写法上的毛病,主要是第一自然段的内容前后重复,如"村后的陡峭石山的巨石滚落摧毁山脚下的几十间房屋"与后面的"倒塌民房72间",在内容上是重复的;第二自然段写得太细,显得啰唆,如"他们同心协力,共同奋战,经过三个多小时的抢救""对遇难者的尸体已妥善进行火化"等;第三自然段的内容与本文主旨不符,略显多余。本文在遣词造句方面也存在一些毛病,如"形成一片废墟""造成灾害损失严重"等存在动宾搭配不当的错误。

例文三

1.原文

××监狱×监区关于执法督察整改
情况的报告

监狱执法督察科:

20××年×月29日,监狱督察科执行现场督察中发现我监区值班民警在

107

20××年×月29日6时18分，将开启监舍门的钥匙交予罪犯使用。上班期间，督察人员即与监区领导进行意见交换，并传达《××省××监狱警务督察整改建议书》(××监督建字〔201×〕9号)。监区支部、班子非常重视督察问题，于×月29日下午召开监区支部会，就督察问题进行专题研究。现将监区整改情况汇报如下：

一、经查，×月29日早晨值班民警为李××，使用钥匙的罪犯为黄××。

二、问题处理意见：1.监区依照《××省××监狱民警记分考核细则》给予民警李××记监狱扣分的同等处罚。2.责成民警李××在监区民警大会进行深刻自我检查。3.监区主要领导在监区民警会上通报督察情况，重申监狱值班纪律、规定。4.监区组织值班民警进行值班制度学习。5.要求值班领导加强民警值班带班的检查、督促与考核。6.将罪犯黄××调车间劳动，并按罪犯计分考核给予扣分处罚。

此致

×监区

二〇一×年×月十日

2.分析

(1)标题事由概括不准确。

标题关于事由的概括不准确，理解时易产生歧义。公文标题中概括的事由与正文中所反映的内容表述不一致，该公文的标题是"关于执法督察整改情况的报告"，其事由所反映的意思是执法督察工作被整改，而正文的表述，完全不是这个意思，所以标题对事由的概括偏离了文章的内容。

(2)缺乏答复依据，后文"答无所依"。

从病文中完全看不出《××省××监狱警务督察整改建议书》要求违规单位做哪些整改，要达到什么目的，如果答复依据表述不清的话，那么后面的答复事项就无从"答"起，这就会直接影响提出的整改措施的针对性。

(3)答复事项"答非所问"。

答复事项是本文的核心内容，应当详细叙述，但因为前文缺乏答复依据的指引，事项部分写得太简单，所以提出的整改措施缺乏针对性。既然是警务督查要求整改，文中理所当然地应对当事人违规后的认识和态度进行表述，但文中没有丝毫表述，只是简单地说了一个"结果"，缺乏依托事实和规章制度的处理结果，变成了"无源之水"，其结果无法令人信服。另外，整改措施是该文的重中之重，但该文的整改措施不仅不到位，而且缺乏相应的语言阐述。不痛不痒寥寥数笔,既看不出违规单位整改的决心,督查的单位也无从看出违规单位的具体做法,那么此答复报告等于"什么也没答,什么也没做"。

（4）逻辑思维混乱,文章结构混乱。

文章构写时缺乏整体结构思量,很多关键性内容没有表述——引述来文不明晰,答复依据缺乏,处理依据事实和规章不详,使整个文章连基本的结构都没有构建起来,结构的坍塌造成内容缺少依附。在"问题处理意见"部分,对事项的排列,显得杂乱无序,因果顺序倒置,处理结果（果）排在第一项,自我批评事实（因）排在第二项。

（5）语言表述有误,产生歧义。

语言驾驭能力欠缺,字通文顺尚未做到,表述时错误也较多,理解上易产生歧义。例如文中"就督察问题进行专题研究",给人的感觉好像是违规单位并无整改之心,反而大有"上有政策、下有对策"的油滑之气。另"上班期间,督察人员即与监区领导进行意见交换"这句话写在此处,文章意思就变了,读罢让人觉得整改建议书的内容不是依据单位的有关规定和违规事实作出的,而是主观"意见交换"的产物。在公文中乱用书信结语:"此致"并非报告的专用结语,此处应用答复报告专用结语。

第十一节　请　　示

一、请示概述

（一）适用范围和特点

请示适用于向上级机关请求指示、批准。

凡是本机关无权自行处理和无力解决的事项,都应行文请示上级机关,求得批准、指示或解决。诸如下列情况,均应向上级报送请示:对上级有关方针、政策、指示或法规、规章不够明确或有不同理解,需要上级机关作出明确解释和答复的;从本地区本单位的实际情况出发,需要对上级的某些政策、规定做出变通处理,有待上级重新审定,明确作答的;出现新情况、新问题需要处理而无例可循、无章可依,需要上级机关作出明确指示的;无权自行处理解决的事务（如增设机构、增加编制、增添设备、增拨经费、增列计划、增多项目等）,需要上级批准或协助解决的;本机关无法独立解决的涉及面广的事务,需要上级机关予以协调和帮助的,等等。

请示的适用范围可简洁归纳为三大方面：请求指示（指示性请示）、请求批准（请批性请示）、请求批转（批转性请示）。

（二）结构模式

1．标题

请示的标题有两种形式，一是标准公文标题，即由发文机关、事由、文种构成，如"市商业局关于增设社会商业科的请示"；二是由事由、文种组成，如"关于海关车辆养路费缴纳标准问题的请示"。

拟写请示标题，关键是写好"事由"。要明确、简括地表达出请示的核心内容，以便上级机关准确了解和把握，及时作出有针对性的批复。

2．主送机关

请示的主送机关原则上只能是一个直接上级。如需同时送其他机关，应当采用抄送形式。请示不得直接送领导者个人。

3．正文

正文是请示的核心内容，必须写得充分、明确、具体，要写清以下两方面的内容：

（1）请示缘由。这是请示写作的关键环节，直接关系请示的目的能否顺利实现。因此，必须给予充分重视。要用简明扼要的语言，将请示的原因和背景情况，或请示问题的依据、出发点及思想基础交代清楚。写法上一般采用叙事和说理相结合的表达方式，叙事要精练，说理要透彻，力戒繁冗累赘。

（2）请示事项，即请示的具体内容。要将请求上级机关给予指示、批准或批转的具体问题或事情全盘托出，请求上级机关作出答复。

写好这一部分，一要明确，即直截了当，明白显露。是请求上级机关对某项工作作出指示，还是对处理某一问题作出批准，抑或是请示批拨资金或物资，等等，必须明确无误地予以表达，令人一目了然。切忌含混晦涩，隐约其辞，亦不可拐弯抹角，言此意彼。二要具体，即对于请示事项的陈述，一定要细致入微，清晰可鉴。若请求批拨资金，则应写明需用的总金额数、已筹到的金额数、尚需领导解决的金额数，切忌笼统空泛；若请求批拨物资，应将品名、型号、规格、数量等要素写清楚。有时亦可提出本单位对解决问题的观点和方案，并表明倾向性的意见。

4．结语

结语，即请示的结尾，一般用较为固定的语句，以示对上级机关的尊重。要讲究规范，通常用"特此请示，请予批准"（请求批准的请示）、"妥否，请批示"

（请求指示的请示）、"以上请示如无不妥,请批转……"（批转性请示）等习惯用语。特别需要注意的是,请示的结语绝对不能出现"报告"字样,以免混乱,延时误事,给工作带来不必要的麻烦。

5. 落款

落款即请示机关的署名,并加盖公章。如标题中已标明请示机关名称,则只需加盖公章。

6. 成文时间

写明请示实际发出日期的年、月、日。在成文日期下一行居左空两格附注处注明联系人的姓名和电话。

二、范例

例文一

1. 原文

××市人民警察训练学校
关于购置警务技能训练用车的请示

市公安局:

近年来,随着公安机关"三基"工程建设的深入开展,我校以教育训练为中心的各项工作都取得了明显进步,向正规化、制度化和规范化建设方面迈出了坚实的一步。从 2007 年起,省公安厅每年将对市级人民警察训练基地进行考核评估。从去年评估的情况来看,学校在训练与管理以及授课水平方面具有很强的实力,以总分 81.54 的成绩居于第二位。但尽管如此,我校在许多方面特别是硬件建设上还存在一些明显问题,突出表现为缺少警务技能训练用车,现有车辆车况普遍老化,达不到上级公安机关规定的标准要求,也与公安教育培训工作的实际需要不相适应。我校现有各种车辆总共 8 辆,其中包括 2 辆报废车辆,还有 2 辆即将报废;仅有 3 辆办公用车,分别为 1998 年购置的日产云豹（即将报废）、1999 年购置的桑塔纳 2000（即将报废）、2005 年购置的警用普桑,且因车况不好多次维修,不能保证正常的公务用车;缺少可供使用的警务技能训练车辆,按照省厅规定要求,市级民警训练基地应具有不少于 2 辆警务技能训练车辆,而我校目前尚不具备。为使我校尽快适应当前的教育训练工作需要,达到省厅规定的标准要求,进一步优化办学条件,在即将到来的

2008 年市级人民警察训练基地评估中实现"争一保二"的目标,经校领导班子集体研究,拟于近期先行购置 1 辆警务技能训练用车,约需资金 20 万元,所需资金由我校自筹解决。

妥否,请批示。

二〇〇八年十二月十日

2.分析

这篇请示主题明确集中,事项单一,围绕"购置警务技能训练用车"一事,将行文重点放在"请示理由"的陈述上,先是叙述了学校教育训练工作的总体进展情况特别是上一年度考核评估情况,紧接着从评估中所暴露的问题引出购置车辆的必要性和紧迫性,这就使请示的理由显得很充分、具体、有力。在此基础上活用"为使"这一目的句提领,引出请示事项。最后以固定尾语"妥否,请批示"作结语。

例文二

1.原文

关于建立国家普查制度改革统计调查体系的请示

国务院:

实行改革开放政策以来,在国有经济发展壮大的同时,我国乡镇企业以及个体经济、私营经济、三资企业等多种经济成分迅速发展,给现行的统计调查工作带来许多新的问题。一方面,统计调查对象的规模迅猛扩展,仅工业企业就由 34 万多家增加到 860 多万家。另一方面,统计调查对象构成日趋复杂,不仅多种经济成分同时并存,而且国有经济中出现了承包经营、租赁经营等多种经营形式;特别是随着现代企业制度的建立和产权的流动与重组,不同所有制的经济主体投资于同一企业的状况将日趋扩大,财产混合所有制的经济单位越来越多。由于利益格局的变化很大,被调查者对统计调查的合作与支持程度大为降低,统计信息运行过程中的人为干扰现象日益增多,信息失真的危险性逐步增大。

根据上述情况,必须按照建立社会主义市场经济体制的要求,参照国际成功经验,从根本上改革我国统计调查方法,建立以必要的周期性普查为基础,经常性的抽样调查为主体,重点调查、科学核算等为补充的多种方法综合运用的国家统计调查方法体系。为此,特请示如下:

一、按照国务院有关规定,实行周期性的普查制度。普查项目包括:人口、工业、农业、第三产业和基本统计单位等。人口普查、第三产业普查、工业普查、农业普查每 10 年进行一次,分别在逢零、三、五、七的年份实施。建立基本统计单位普查,每 5 年进行一次,逢一、六的年份实施。这些普查都属于重要的国情、国力调查,必须在国务院和地方各级政府的统一领导下,由政府统计部门会同有关业务主管部门共同组织实施。经费由中央和地方各级政府共同负担,并列入相应年度的财政预算。

二、大力推广应用抽样调查技术,逐步确立抽样调查在统计调查方法体系中的主体地位。当前,要在进一步完善农产品产量调查、城乡住户调查、价格调查和人口变动情况等项抽样调查工作的同时,抓紧在工业、商业、建筑业和固定资产投资统计中深入研究并广泛应用抽样调查方法,从根本上改变过分依赖全面统计报表的状况。

为此,除要进一步改革和完善城乡社会经济调查外,急需建立一支机动灵活、精干高效的企业调查队伍,这支队伍负责对遍布全国城乡的各种所有制企业,特别是乡镇企业以及个体经济进行抽样调查;开展与建立现代企业制度和发展市场体系密切相关的快速专项调查;进行事业单位的统计登记工作,建立和管理企事业单位名录库等。

有关企业调查队伍的机构、编制、干部、经费和基建投资等问题由国家统计局同有关部门另行商定。

三、加快统计信息自动化系统建设。随着统计调查体系的改革,计算工作量将大量增加,因而对统计信息自动化系统建设的要求会更高、更迫切。各级政府和有关部门应高度重视并大力支持统计信息自动化系统的建设工作,并增加投入,以便于大规模、高效率、全方位、深层次地开发利用统计信息资源,为各级党政领导的决策和管理提供科学依据。

四、健全统计机构,稳定干部队伍。为适应市场经济条件下日益繁重的统计工作的需要,必须采取强有力的措施,从组织上保障统计任务的完成。在这次机构改革中,要按照《中华人民共和国统计法》和国务院有关规定的要求,切实加强各级政府统计机构和业务主管部门统计机构的建设。

以上请示如无不妥,请批转各地区、各部门遵照执行。

国家统计局

××××年×月×日

2.分析

这是国家统计局写给国务院的一份批转性请示,全文主旨明确,重点突出,层次清晰,用语精当,堪称典范。

标题由事由和文种两个要素构成,这是请示的一般写法。

正文部分的前两个自然段为请示理由,由统计调查工作所存在的"许多新的问题"引发开来,重点阐述了问题的具体表现,以此作为请示的依据和缘由,给人以充分、翔实之感。在此基础上,提出行文的中心观点,并用"为此……"这一特定目的句引出请示的具体事项。值得注意的是,与其他文种相比,请示的目的句位于第二层次之首,而不在行文的开篇,这是请示写作的一个重要特性。

请示事项部分,从"实行周期性的普查制度""大力推广应用抽样调查技术""加快统计信息自动化系统建设""健全统计机构,稳定干部队伍"四个方面提出如何"建立国家普查制度改革统计调查体系"的具体意见,表意明确集中,而且采用撮要标目的表达形式,令人一目了然。这种写法值得借鉴。

结语部分写得言简意赅,干净利落。

例文三

1.原文

四川省经济委员会抗震救灾应急指挥部
关于请求紧急支援四川省矿山抗震救灾物资的请示

国家发改委抗震救灾应急指挥中心:

5月12日,汶川县发生7.8级强烈地震,我省成都、德阳、绵阳主灾区的矿山地面建筑物破坏严重,部分矿井的地面设施几乎被夷为平地,12处矿井被埋或被淹,矿山人员伤亡和财产损失严重。截至5月16日下午2时,全省煤矿和非煤矿山死亡191人;被围或失踪3248人,其中,井下被困19人;受伤1000余人,初步统计直接经济损失22.5亿元。由于我省矿山企业多位于高海拔山区,公路多为滑坡和泥石流阻断,给抗震救灾工作带来了极大困难,矿山受灾人员无法转移安置,很多职工露宿山头,救治困难,衣食无着。

在党中央、国务院、省委、省政府的正确领导,上级部门的大力支持和帮助下,我委立即行动,全力以赴,积极主动组织抗震救灾工作,确保矿区群众生命财产安全。但因全省煤矿企业受灾面积大,人员伤亡严重,物质十分缺乏。为打通矿山公路后,进一步做好矿山抗震救灾工作,把矿山伤亡和损失降低到最低限度,避免事故扩大,争取矿山早日实现灾后重建,恢复生产,特恳请国家发改委给予我省大力帮助和支持,请求紧急调拨以下救灾物资:

一、临时住宿物资

2000 顶帐篷,1000 床棉絮、被套、垫絮。

二、救援设施、设备

柴油发电机 600 台,水泵 200 台,矿灯及充电器 4000 套,应急探照灯 60盏,手套 10 万双,口罩 10 万只。

四川省经济委员会抗震救灾应急指挥部
二〇〇八年五月十七日

(联系人:陈××,15882140×××)

2.分析

这是"5·12"汶川大地震发生第五天的求救请示。

例文的发文缘由很充分,由发文背景与意义组成,自"特恳请国家发改委给予我省大力帮助和支持"起进入请批事项。

行文思路周密,请示事项采用条款式结构,具体明确,利于上级机关确定审批意见。

例文四

1.原文

××单位关于增拨技术
改造资金的请示

××主管局:

由于我单位技术改造资金严重短缺,致使技术改造无法进行,生产受到了严重影响,利润指标不能完成,基于上述情况和不解决可能带来的后果及影响,特请上级拨款 20 万～30 万元用于技术改造,否则本单位不能承担其后果。

以上请示,当否,请批复。

××单位(公章)
××××年××月××日

2. 分析

(1) 叙事要清,调动说服的原动力。

陈述情况是请示缘由一个很重要的组成部分,也是整篇请示写作的开端,俗话说:"万事开头难",开头写好了,等于文章成功了一半。因此在请示写作的实际当中,要紧扣请示事项这一着眼点,准确地摸清本单位、本地区目前所面临的实际情况,现处于一个什么样的状态,遇到了一个什么样的问题。写作时,要努力抓准问题的症结,抓住主要矛盾,力求客观、简洁、准确,调动说服的原动力。原文陈述情况时,行文生硬,缺乏周全缜密的思考,也没有写清本单位面临的实际情况,只是寥寥几语,蜻蜓点水般指出了本单位存在的一个问题——技术改造资金不足,生产受到了影响。对于为什么资金不足这一问题却一语未提。因此,问题产生的来龙去脉十分模糊,领导批阅时会感到一片茫然,继续阅读下去的兴趣也会骤然递减,上级领导不可能,也无法给予批复,达不到请示应有的文体功能。

(2) 说理要准,增强说服的主动力。

在请示写作当中,"理"的陈述有着重要的作用,在一定程度上,决定了请示事项能否给予批准的关键。在说理的同时,必须把握三个原则:其一,说理要立足于本单位、本地区的客观实际情况。不可空穴来风,捏造事实,理由必须可靠、充分;其二,说理要着眼于全局。把陈述的理由置于一个较为宽泛、整体的范围加以全面考虑,将局部利益放置于全局利益之中,站在一定的高度和角度进行客观论述;其三,说理要着力于必要性和可行性,这在请批性请示中显得非常重要,在论述中,要充分围绕必要性、可行性这两方面下功夫,要强化责任意识,挖掘说服的潜动力和增强说服的主动力。原文对说理这一方面做得明显不够,仅仅是对资金短缺产生的后果进行了简单论述,言语草率,既缺乏力度,又鲜有深度,说服力显得不足。

(3) 明旨得当,强化说服的内动力。

请示是上行文,除了材料要真实、主旨鲜明集中、请示事项具体明确之外,也要注意语气要平实、恳切,用语要讲究分寸,语气上要多含有请求性。明旨要注意言近意远,强化说服的内动力。原文100字左右,语气不但生硬,不讲分寸,在某种程度上还有一种"要挟"之感,原文中的"本单位不能承担其后果"这句话,不吻合下级请求上级批准请示事项的行文语气,含有"如本单位不能如期完成任务,跟自己没关系,而是你们上级领导的责任"之意,可想而知,这样的行文语气不仅让上级领导反感,还有损本单位的形象,更谈不上能得到领导的同意和批准。

（4）建议可行，增强说服的外动力。

请示事项是请示写作的落脚点，请示缘由部分的写作目的也是围绕和服务于请示事项的，最大程度上促成请示事项能给予批准。因此，一般在阐明道理和理由之后，要"趁热打铁"，进一步提出解决问题的建议。一些请示公文，请示缘由部分写得十分准确、得体、周到，富有充足的说服力，但请示事项不是"一文两事"，就是模棱两可，给个大致范围，或是让问题摆在那，让领导去猜。这些细节导致整个请示写作前功尽弃、功亏一篑。"细节决定成败"，这些本不应该发生的事情却真实地见诸于一些党政机关、企事业单位的文秘工作者之手。因此，一些初涉文秘工作岗位的同志尤其要培养细心严谨、一丝不苟、认真负责的良好文风。原文中就出现了请示事项模糊不清的问题，没有提出所需资金的具体数额。"特请上级拨款 20 万～30 万元"的"20 万～30 万"违背了请示事项要具体、明确的原则。因此，提出的建议要具体可行，便于审批，增强说服的外动力。

"请示"文体是各行各业文秘工作者公文写作的基本功，最为常见，也最见功力。它不仅代表着本单位的形象，很大程度上也影响着本单位相关工作的进程。因此使请示写作具有说服力，正确表述主题思想，是相关文秘工作者应当把握的准则。

例文五

1. 原文

关于成立××区环保局团委的请示报告

××区人民政府、区直属机关团委：

目前，我局团总支已不能适应形势发展和工作需要，我局计划打算成立××区环保局团委。其原因是我局近年来人员结构发生较大变化，年轻人逐年增多，截至 2004 年底全局共有 35 岁以下年轻人 201 人，其中团员 125 人。按照我局 2005—2007 年人才储备计划，我局利用 3 年时间从高校毕业生中每年招聘 100 名本科生或研究生，这样，年轻同志的比例还会有较大提高。正因为如此，成立××区环保局团委势在必行，现将我们的想法汇报如下：

一、团委自属我局领导，拟设科级建制。

二、团委拟设行政编制两名,其中团委书记 1 名(正科级),团委副书记 1 名(副科级)。编制由局内调配解决。

三、由于我局财力紧张,难以添置办公设备,请上级拨给办公设备购置费 2 万元。

请务必批准!

××区环保局

2005 年 2 月 28 日

2.分析

这是一则有着明显缺陷的请示,其不足主要表现在以下几个方面。

(1)外在结构。

与一般的文学作品相比,公文具有独特的模式化特征。这种特征在事务文书和科技文书中多表现为"约定俗成"性,而在公文、法律以及法规性文书中则表现为"法定使成性"。作为法定公文的请示,其结构模式具有鲜明的法定性和权威性,是不能自由变更的。它的外部结构主要由标题、主送机关、正文及落款等要素组成。

① 标题。请示通常用完全式标题,即由发文机关、请示主题和文种构成(也可省略发文机关)。标题中不允许出现"请求指示""请求批准""请求解决"之类的词语,也不允许与报告等上行文书混用。显然,例文标题违背了请示标题的拟定原则,应该删去"报告"二字。

② 主送机关。请示只写一个主送机关,需要同时送其他机关,应当用抄送形式,但不得抄送其下级机关。除上级相关负责人直接交办的事项外,不得以机关名义向上级机关负责人报送"请示""意见"和"报告"。向上级机关行文,应当主送一个上级机关;如需其他相关的上级机关阅知,可以抄送。不得越级向上级机关行文,尤其不得越级请示问题;因特殊情况必须越级行文时,应当同时抄送被越过的上级机关。例文违背了请示关于主送机关的写作要求,从全文的内容来看应将"××区人民政府"删去。

③ 落款。公文落款处应当用全称或规范化简称,位于正文的右下方,成文日期应当写明年、月、日,位于发文机关署名右下方。本文生成于《党政机关公文处理条例》(2012)生效前,公文成文日期中的数字需要使用汉字。

(2)内在结构。

① 内在结构的逻辑顺序。所谓内在结构,是指文章内部的组织构架。合理地安排结构是为了运用材料主次分明、条理清晰地表现主体,对文章各部分

进行有序搭配和排列,体现文章中局部与局部、局部与整体的有机联系。请示与所有应用文一样具有结构的程式性特点。这种程式性是指人们在长期的应用文写作实践中逐步形成并为社会所公认和接受的、约定俗成的、相对固定的模式。这种模式化主要表现在请示的正文部分。它要求按请示理由、请示事项、请示结语这样的逻辑顺序来建构文章。其中,请示理由是正文的开端部分,应简要说明为什么要写请示、提出请求的背景和依据。请示事项部分为请示的中间部分,它是请求上级机关指示或批准的具体内容,这部分应写得明白具体、切实可行。请示的最后部分是结语。根据请示内在结构的要求,不难发现例文的结构安排是不合理的,应把请示事项"我局打算成立××区环保局团委"置于请示缘由之后。

② 请示的容量。一文一事是请示写作的一项基本要求。例文却写出了请求成立机构和拨款两件事,这与请示一文一事的要求是不相符的,宜删去请求拨款的内容。

（3）语言运用。

公文对语言的要求十分严格。应当情况确实,观点明确,表述准确,结构严谨,条理清楚,字词规范,标点正确,篇幅力求简短,即要"准确、简明、朴实、庄重"。"准确",就是要用词准确、造句恰当,句子与句子之间逻辑关系紧密,能恰如其分地说明情况、阐述做法、表达思想;"简明",是指语言表达要简洁、明快,可读性强、浅显易懂;"朴实",则是指语言平易、朴素、实在;"庄重",就是要求公文用语端庄、郑重、严肃、认真,尽量使用规范的书面语和一些约定俗成的模式化用语,不使用口语和方言土语,更不宜追求语言的诙谐幽默。请示除了要遵守以上用语原则外,还有一些特殊的要求,如请示的开端部分常用"由于(鉴于)……为了……根据……","由于……为了……"等模式化用语,请示理由之后常用过渡语"现就××问题请示如下",或"特作如下请示",或"为此,特请求……",或"恳请……"等引出请示事项,结语部分常用"以上请示(意见)妥否,请批示(指示)""以上请示(意见)当否,请批示(指示)""特此请示,望批准""以上请示(意见)如无不妥,望批准"等模式化句式。例文的语言运用显然不规范,如"现将我们的想法汇报如下"有口语化嫌疑,可改为模式化过渡语"现将有关情况请示如下"。"请务必批准""势在必行"等词句的使用不符合语体要求,应使用请求性语气,可将其改为"很有必要"和"以上请示当否,请批示"。"我局计划打算成立××区环保局团委"中的"计划打算"一词不仅犯了语义重复的语病,而且是公文忌讳的日常用语,可用文言词"拟"取而代之。

第十二节 批 复

一、批复概述

(一) 适用范围和特点

批复适用于答复下级机关请示事项。批复属于被动的行文,它的写作以下级的请示为前提,是专门用于答复下级机关请示事项的公文,先有上报的请示,后有下发的批复,一来一往,被动行文,这一点与其他公文有所不同;批复的内容有着明显的针对性,它针对请示事项表明是否同意或是否可行的态度,批复事项必须针对请示内容来答复,而不能另找与请示内容不相关的话题;批复表示的是上级机关的结论性意见,下级机关对上级机关的答复必须认真贯彻执行,不得违背,批复的效用在这方面类似命令、决定,带有很强的权威性;批复的内容要具体明确,不能有模棱两可的语言,使得请示单位不知道如何处理。

批复的内容必须明确、简洁,以利于下级机关贯彻执行。

(二) 结构模式

1. 标题

批复的标题应由发文机关、事由、文种三方面组成,如"最高人民法院关于购销合同履行地的特殊约定问题的批复"。批复标题的三要素要齐全,发文机关必须用全称或法定的规范简称。标题中的事由必须精练地提出具体事项及批复意见,常用句式是"关于……问题的批复"或"同意……的批复"。

2. 主送机关

主送机关即请示的下级机关。

3. 正文

正文是批复的核心部分,是针对下级机关的请示事项所作的具体答复,一般由引语、主体、结尾组成。

(1) 引语。引语是批复的第一段第一句话,是批复的根据。引语通常要写清楚两方面的问题:一是接到下级机关请示事项的日期、请示的问题或请示的文号;二是简要引述来文所请示的事项。之后,一般用"经研究,同意……"或"经研究,批复如下"等公务文书惯用过渡语,引至批复主体。

还有一种例外情况,即不是上级机关而是有关主管部门答复不相隶属机关请求批准的来函,也可以用"批复"。这类批复中必须写明"经×(上级机关名称)批准"。

（2）主体。主体即批复和指示意见。要根据党和国家的方针、政策、法律、法令、规章、制度和实际情况,表明对请示问题的明确态度,作出恰当的答复,并说明理由。也可以指出如何才能保证批复事项的完成,或如何防止某些问题的出现。

（3）结尾。批复正文的结尾比较简单,一般只需在主体下另起一行写上"特此批复""此复"即可。

4.落款

批复的尾部是在正文右下方盖上发文机关印章,并署批复成文日期的年、月、日。

二、范例

例文一

1.原文

国务院关于同意蚌埠市
城镇住房制度改革试行方案给安徽省
人民政府的批复

安徽省人民政府：

你省9月24日政函〔1987〕79号文《关于要求批准蚌埠市城镇住房制度改革试行方案的请示》收悉。

同意蚌埠市城镇住房制度改革试行方案,请于1987年10月试行。

国务院

一九八七年十月四日

2.分析

例文的标题是批复特有的一种写法,在"事由"之前注明"同意"二字,表明态度,在"文种"之前加入被批复的机关名称,这是核准性批复通常的写法,标题就是正文的缩写本。

例文的正文包括两点:一是引语,即第一段,包括来文请示的机关、日期、发文字号与标题。二是内容,即第二段,表示同意的文字。由于已经同意,一般不写理由;若不同意,应写明理由,以便下级理解、接受。

例文二

1.原文

国务院关于济南市城市总体规划的批复

山东省人民政府:

你省《关于报请审批济南市城市总体规划的请示》(普政发〔1999〕86 号)收悉。现批复如下:

一、原则同意修改后的……

(以下二至八条,略)

国务院

二〇〇〇年十二月二十二日

2.分析

例文标题采用的是公文标题的通常写法,即由制文机关、事由与文种组成,在事由之前加入介词"关于",在文种之前使用助词"的",形成以文种为中心的偏正词组结构。

例文的开头是批复的引语,包括请示的来文单位(即"你省")、标题及发文字号。然后通过一个过渡短句转入批复的内容部分,在这个部分的八项内容中,除明确表示同意济南市城市总体规划之外,还就相关问题分条列项地提出了一系列要求。为了醒目起见,在每一个具体要求之首处都有一个显示段落主旨的小标题,并加以序号标明,从而使人一目了然、便于掌握。

这份批复文字稍长,全文 1300 多字。由于文字长且有多项批示要求,因此作者采取了"撮要分条"的结构形式。

例文三

1.原文

批复

人文学院党委:

二〇〇三年×月×日你院的请示中所提出的增补人文学院党委委员的事项我们已经收到。经校党委七名常委在×月×日的常委会上反复讨论决定,并举手表决,最终一致通过。现将决定告之你们,我们原则上同意你们上报的两名同志为你院党委委员。

此决定。

中共××大学委员会

二〇〇三年×月×日

2.分析

该文表述不严谨,较啰唆,不符合公文的要求,具体评析如下:

(1)标题不规范。

批复的标题一般采用"关于＋主要内容＋文书种类"的形式,而该公文标题过于简单,表意不清。

(2)表述不严密。

在批复时,对有关事项的名称一般要单独、完整地表述。因此,在对批复事项的表述中既要避免有些文种经常使用指代形式,如"你部的请示中所提出的事项……",又不可使用文学作品中常用的承前省、承后省等表述方法。在该文中,"你院党委委员""两同志"等都必须写明具体名称。

(3)批文的意见不明确。

批复意见在"批复"中是核心内容,所以要特别注重其表达方式是否全面,是否准确地反映了首长、机关的意图。从批复的内容上表达批复意见主要有以下几种类型:一是同意请求批准的事项;二是不同意请求批准的事项;三是部分同意请求批准的事项等。

在表达批复意见时应简要、明确地表明上级领导的意见,如"同意……"或"不同意……",态度要十分鲜明,对于同意的事项通常应补充一些简短而必要的要求性语句。在不同意下级请示事项的批复中,则需用恳切的语句,简要地讲明道理。对下级的请求意见,部分同意或部分不同意的批复,则更需要明确、具体地讲清同意事项和不同意事项,并分别讲清原因,提出相应要求,同时应把需要修改、补充、调整、说明的内容讲清。对尚不十分明确的问题,要尽量给予态度鲜明的答复,不能含糊其辞、模棱两可。本文中"原则上同意",则表现出上级机关的含糊态度。

(4)语言啰唆、不简洁。

公文写作要求简明,这里有两层含义:一是指公文的文字量要力求少,篇幅要尽可能短。二是语言文字要精练,对那些可有可无的字、词、句,应当删去。要用最少的文字,准确、严谨地表达最丰富的内容。做到篇无累段,段无累句,句无累字。即每一段、每一句、每个字都有它存在的价值。本文"经校党

123

委七名常委在×月×日的常委会上反复讨论决定,并举手表决,最终一致通过"一句中多有累赘之词。

(5)结束语使用错误。

批复的结束语只用"此复"或"特此批复"。有些批复以"此复"作结语,更多的批复不专设结语,仅以"要求""希望"代之。该文中使用"此决定"不符合批复的格式要求。

第十三节　议　　案

一、议案概述

(一)适用范围和特点

议案适用于各级人民政府按照法律程序向同级人民代表大会或者人民代表大会常务委员会提请审议事项。

议案具有以下几个明显的特点:

(1)制作主体的特定性,限同级人民代表大会或者人民代表大会常务委员会使用。

(2)运行程序的法定性,议案的运行程序必须在法律规定的框架内进行。其制作和提出机关必须是特定的;议案制成以后,又必须按照法定程序适时向同级人民代表大会或人民代表大会常务委员会提请审议。从议案制作经由中间运行到审议批准,再到付诸实施,构成一环紧扣一环、环环相连的运转流程,而每一环节的运作都必须遵循法定程序,否则就会失去议案的应有效力。

(3)行文对象的单一性。议案不是普发性公文,它只能由法定机关依照法定程序向同级人民代表大会或者人民代表大会常务委员会提交,而不能向其他任何部门和单位行文。这就是说,议案文种在行文对象上具有明显的单一性。

(4)生效标识的特殊性。这是议案文种在形式上的一个重要特点,突出表现为其生效标识必须体现机关第一行政首长的署名,且不加盖机关公章。例如国务院的议案由国务院总理署名;省政府的议案由省长署名,依次类推,别人不能替代,这一点是很特殊的。一般情况下,单一机关制发的公文在结尾生效标识处只标识成文时间并加盖公章,而议案无须这样做。

（二）结构模式

1. 标题

标题在第一行中间用较大的字书写，通常有两种形式：① 由"发文机关＋事由＋文种"构成，比如"国务院关于提请审议设立海南省的议案"；② 由"事由＋文种"构成，比如"关于……的议案"。

2. 主送机关

议案的主送机关只能是一个。在标题下第一行顶格处写受理、审定议案的人民代表大会或者人民代表大会常务委员会的名称。比如"全国人民代表大会""××省人民代表大会常务委员会"。

3. 正文

正文是议案的关键部分，一般包括案据、方案、结尾三部分。

（1）案据：指提出议案的目的，也就是回答为什么要提请这一议案，所写事实要确凿、充足、简明。

（2）方案：指议案中提出请求审议问题的解决途径和办法。是什么就写什么，要简单明了，不需分析说明。制定、修订法律、法规、条例等，应提交草案作为附件；建议批准采取有关行政手段时，要提出符合实际、切实可行的解决问题的方法。

（3）结尾：指议案正文结束时所用的祈使性用语。比如"请审议""请审议决定""现提请审议""请予审议"等，这些祈使性用语必须有，不能省略。

4. 签署

议案规定由政府行政首长签署，也就是国务院提出的议案由总理签署，省、直辖市、自治区以及市、区（县）、乡（镇）政府提出的议案分别由地方各级人民政府的省长、市长、自治区政府主席以及市长、区（县）长、乡（镇）长签署。

5. 落款

落款在签署的下一行相应处，政府首长写明成文的年、月、日。

6. 附件

许多议案都有附件。这些附件都是与议案有关的材料，只要有就得在正文后面左侧处明确写出名称。

二、范例

例文一

1. 原文

国务院关于提请

邹家华等三位同志职务任命的议案

国函〔1991〕16 号

全国人民代表大会：

　　根据工作需要,提请任命邹家华、朱镕基同志为国务院副总理,提请任命钱其琛同志为国务委员。

　　请审议决定。

国务院总理李鹏

一九九一年三月二十二日

2. 分析

　　这是一份涉及人事任免事项的议案。此类议案的写法比较简单,其结构模式一般是先写标题,由提出议案的机关名称、提请审议的事由和文种名称三要素构成;标题之下是该议案的文号和主送机关即同级人民代表大会或人民代表大会常务委员会名称;重点是正文部分,一般应当载明提出议案的缘由或依据,以及提请审议的事项两方面内容,其中缘由或依据部分要写得高度精练,多用"根据工作需要"或"因工作需要,根据……"之类的固定性语句,提请审议的事项部分要写得明确具体,令人一目了然。两项内容写完后,用"请审议决定"这一固定性语句作结,然后在其右下侧为行政首长署名及成文时间。

例文二

1. 原文

国务院关于提请审议

《中华人民共和国民用航空法(草案)》的议案

全国人民代表大会常务委员会：

　　为了维护国家的领土主权和民用航空权利,保障民用航空活动安全和有秩序地进行,保护民用航空活动当事人各方的合法权益,促进民用航空事业的发展,国务院法制局、中国民用航空总局经过广泛征求意见,总结实践经验并借鉴有关国际公约和国外经验,拟制了《中华人民共和国民用航空法(草案)》。这个草案业经国务院常务会议讨论通过,现提请审议。

国务院总理李鹏

一九九五年六月十日

2.分析

这是一份立法案。其标题和主送机关的写法与上述人事任命案相同。正文部分的写法比较单一固定,一般先扼要交代提请审议事项的目的和意义,以此作为行文的依据,然后陈述要求审议的事项,最后表明提请审议的要求。结尾部分的写法也与上述议案相同。这份立法案完整地载明了相应的要素内容,结构严谨,层次清晰,堪称典范。

例文三

1.原文

关于提请审议《××市城镇房地产纠纷仲裁条例(草案)》的议案

××市人民代表大会:

为了妥善处理房地产纠纷,保护当事人的合法权益,维护正常的生产、工作、生活和社会秩序,① 根据国家有关法律、法规的规定,在调查研究、修改讨论的基础上,拟定了《××市城镇房地产纠纷仲裁条例(草案)》。② 现提请审议。③ ……

市长×××

××××年×月×日

2.分析

(1)标题。标题写法有两种:一种是"发文机关全称(或规范化简称)＋关于提请审议＋议案内容事由＋文种",如"中华人民共和国国务院《关于提请审议兴建长江三峡工程》的议案";一种是省略发文机关名称。要注意的是,议案内容事由一定要嵌在"关于提请审议……"的固定写作格式之中。

(2)抬头。抬头即送达机关,应顶格写全称(或规范化简称),后加冒号。议案只送达各级人民代表大会或其常务委员会,所以,抬头十分单一固定,只

127

是送达机关的级别不同,如全国、省、市、县等。

（3）正文。议案正文的篇幅很短。在国家行政公文中,它短于决定或报告,更短于总结或条例,仅长于命令(令),这是一个很突出的特色。议案的正文由以下三部分构成:

一是案由部分或案据部分,是关于议案提出的目的或理由的写作,要求写得合情合理。

二是方案部分或审议事项部分,这是议案的核心内容,是关于提请审议的议案的撰制经过及提请事项的写作,其具体内容多以议案的标题表述。这部分内容要求写得具体明白,切合实际。

三是结尾部分,要体现商酌的语气,多以惯用语"现提请审议"结束。

例文四

1.原文

**关于《××市人民群众见义勇为
基金会章程》的议案**

××省人民代表大会:

为了对在穷凶极恶的犯罪分子面前奋不顾身、英勇搏斗、见义勇为者提供道德支持、法律保护和物质保障,以动员和鼓励广大人民群众运用法律武器,自觉行动起来,制止各种违法犯罪活动,弘扬正气,促进社会治安形势的好转和国家经济建设事业的发展,根据有关法律、法规规定,借鉴一些城市这方面工作的成功经验,我们起草了本议案。经市政府同意,现请审批。

附:《××市人民群众见义勇为基金会章程》

××市人民政府市长×××
二〇〇二年五月九日

2.分析

本文不长,却存在多处毛病。

第一,标题不妥。议案的标题又称案由,如果案由是国内事项,其动词应用"提请审议",属于行政法规和规章,其后应加"（草案）",因为此议案还待审议通过。

第二,主送机关与签署不对应。根据规定,政府不能向非同级人民代表大会及其常务委员会提出审议事项,因此主送机关应改为"××市人民代表大会"。

第三,正文不妥。议案的正文应有三部分内容:案据、方案和结语。案据包括原因、目的、意义等,以表明其必要性、重要性,引起审议者的重视。方案包括要解决有关问题的措施和方法。重点要写清提请审议的是什么,提请审议的文本是怎样拟订的。很显然,本文的方案部分即审议事项部分十分含糊,应将"我们起草了本议案"改为"我们经过调查研究,在广泛征询各方面意见的基础上,草拟了《××市人民群众见义勇为基金会章程(草案)》"。议案的结语一般用"请审议""请提请审议""请审议决定"等,应将本文中的"现请审批"改为"请提请审议"。此外,正文语言啰唆,"经市政府同意"一句画蛇添足,因为市政府不同意,就根本不会提出来,而且这不是审议的主要标准。

第十四节 函

一、函概述

(一) 适用范围和特点

函在相互商洽、询问和答复问题,向无隶属关系的有关主管部门请求批准时使用。

它是不相隶属机关之间商洽工作、询问和答复问题、请求批准和答复审批事项的一种法定公文。按内容和作用的不同,函可以分为告知函、商洽函、询问函和答复函等。

函具有如下特点:

(1)行文对象的平等性。函适用于不相隶属机关之间商洽工作、询问和答复问题、请求批准和答复审批事项。这里的"不相隶属"包含两方面的含义:一是一个系统内部的平级机关是不相隶属机关,比如市委内部的组织部、宣传部、统战部是不相隶属机关,市政府下属的各个局也是不相隶属机关;二是在行政组织上没有领导与被领导关系、业务上没有指导与被指导关系的机关部门,不论级别高低都是不相隶属机关,如某省水利厅与某省高等院校、某企业与某驻地部队等都是不相隶属关系。可见,不论受文对象是谁,不管行政级别高低,使用公函的单位的地位都是平等的,不存在上级与下级、领导与被领导的关系。所以写作公函时应从整体上把握好公务往来双方主体上的平等性。

(2)适用范围广泛。函的适用范围之广是其他法定文种无法比拟的。一般文种如请示、批复等功能比较单一,而函具有商洽工作、询问和答复问题、请求批准和答复审批事项四大功能。如用函与不相隶属的机关建立业务关系,向不相隶属的机关发函协调处理有关事项,向不相隶属的机关建议落实工作,向不相隶属的机关寻求政策等。

(3) 语言表述的平和性。公文不同于文学作品和政论文章,它有着独特的语言风格和表达要求。从总体上说,公文用语讲究准确、简洁、质朴、庄重、规范;从行文关系上说,上行文的措辞谦恭礼让,下行文的语言准确庄重,平行文的语气平和诚恳。作为平行文,函的用语既要体现公文语言的总体要求,又要体现平行文语言的平和性特点。如向不相隶属机关请求协助、商洽解决办理某一问题时使用的商洽函等,结尾一般多用"当否、妥否、可否、能否"之类的协商语;向不相隶属的主管部门询问有关方针政策的询问函、请批函等,一般多用"恳请、特请、是否同意"等语。这些用语,从字面意思上体现的就是一种平等、和气、协商的态度,而没有上行文的谦恭、下行文的庄重之态。所以,函的语言基调总体应保持平和诚恳、协商友好,这是函与其他法定文种语言上的显著区别。

(二) 结构模式

函由标题、主送机关、正文、署名和日期组成。

(1) 标题。标题有三种写法:一是完整式标题,由发函机关、事由和文种组成,如"××部关于选择出国人员的函";二是由发函机关、事由、受理机关和文种组成,如"国务院办公厅关于悬挂国旗等问题给湖北省人民政府办公厅的复函";三是由事由和文种组成,如"关于订购《基础写作学》的函"。

(2) 主送机关,即收函单位名称,要写全称。

(3) 正文。根据去函、复函的不同,其写法也有区别。

① 去函。主要用于与有关单位商洽工作,询问有关问题或向有关部门请求批准等,其行文是主动的。这种函一般包括缘由、事项和结尾三个部分。缘由部分一般须把所商洽的工作、询问的问题或请求批准的事项具体写清楚。事项是函的核心。如果内容较多,要采用分条的写法,使之条理分明。结尾只需写出"请研究函复""请函复""盼复"或"以上意见当否,请复函"等语即可。

② 复函。用于答复商洽、询问的问题或批准有关单位的请求事项。这种函的行文一般是被动的,具有很强的针对性。复函的正文包括缘由、答复、结尾三部分。缘由部分要针对来函写收函情况,然后用"经研究,函复如下"过渡

到下文。答复部分是复函的主题,要根据来函作出具体的答复。答复时一定要注意分寸,不得违背政策界限。结尾可写上"此复"或"特此函复",也有的不写。

(4)落款。正文结束后写上发函机关名称,盖上公章。成文日期,即发函的日期,要用阿拉伯数字标明年、月、日。

函的写作有如下要求。

① 针对性。函有鲜明的针对性,主要表现在:一是紧紧围绕函中所提出的问题和公务事项来写。二是往来机关应当与函中所提出的问题和公务事项相称。也就是说,函中所提出的问题和公务事项应该是函往来机关有可能解决的。三是除特殊情况外,应坚持一函一事。

② 分寸感。函的用语,力求平和礼貌,特别忌讳命令语气,但是也不能为了谋求问题解决,极尽恭维逢迎之能事。

③ 开门见山。无论是来函还是复函,在写作中都应该开门见山,尽快引出主题,忌讳那些不必要的客套,尽量少讲空泛、抽象的大道理。

④ 正文主体如问题较多,可分条列项陈述,内容简单的可采取篇段合一式,即全文一段,一段即一篇。

二、范例

例文一

1.原文

关于求助解决我校进修教师借宿问题的函

××大学:

为了培训教师,提高教学水平,我校拟派 9 名教师到××学院进修学习,因该院宿舍紧张,无力解决住宿问题,特向邻近的贵校联系借宿事宜。

据悉,贵校宿舍尚宽余,恳切希望予以大力支持与帮助。如能解决这一问题,借宿教师尚可为贵校做些辅导学生和批改作业等义务工作。

特此函达,顺致谢意,敬希函复。

××省××学校
××××年×月×日

2.分析

(1)不相隶属单位之间的行文应使用函,文种恰当。

131

（2）全文格式符合规范。

（3）正文用语得体。

求助方的教师要到外省某学院进修，却要向不相干的某大学求助借宿，这原本是件很难办的事，可是求助方在函中表述的求助缘由是合乎情理的，用恳切的态度请求对方帮助，并提出了让本校借宿老师帮助对方学校辅导学生、批改作业的建议，礼数很周到；行文中没有虚假浮夸的感激话、客套话，希望对方不要拒绝和尽快答复的意思也表达得恰如其分。这样的求助函有助于其办成所求事项。

例文二

1．原文

××县人民政府办公室
关于询问××中学违规收费情况的函
×府办函〔2004〕10 号

县教育局：

据《××晚报》2004 年×月×日二版报道，我县××中学连续两年违规收取"建校费"达 120 万元。此事经媒体披露后，在群众中引起强烈反响。但据了解，自报道刊发至今，已逾半月，该校始终未向媒体作出任何解释，你局亦未派出人员进行深入调查并公布相关情况，导致众多家长联名写信向主管县长反映。

根据县政府领导同志指示，特函知你局迅速处理此事，并将有关情况及时上报。

××县人民政府办公室

二○○四年×月××日

2．分析

这是一份具有普遍借鉴意义的询问函。

（1）根据规定：函适用于不相隶属的机关之间商洽工作、询问和答复问题，请求批准和答复审批事项；报告则适用于向上级机关汇报工作、反映情况、答复上级机关的询问。在行政公文的实际运作中，就存在一个向下级机关询问、了解应如何使用文种的问题。相当数量的公文写作指导用书和有关文章都认为，对这种情况上级要用"函"向下级进行询问，下级则用"报告"答复上级机关的询问,并且据此推出"函"可以用于上下级之间的结论。这里使用"报告"是符合《党政机关公文处理工作条例》要求的;而行政机关上级向下级发"函",则直接违反了《党政机关公文处理工作条例》对"函"适用范围(适用于不相隶属机关之间)的明确规定,因而是不规范的。

应当说,这种公文运作是相当规范的。它严格遵循了《党政机关公文处理工作条例》中关于"函"必须用于"不相隶属机关之间"的明确规定,充分发挥了办公(综合)部门的职能。在文种的选用上,恰当地使用了"函",同样起到了传达领导机关指示和要求的作用。其借鉴意义是很普遍的:如果涉及行政机关上、下级之间的沟通,而不宜使用"通知"(上对下)、"请示"(下对上)等下行文和上行文的情况,则应考虑由两个机关的办公(综合)部门以"函"相互行文,如国务院办公厅曾就××省人民政府办公厅询问有关国徽悬挂等问题回"函"予以答复。这样并非上下级之间的行文,切实体现了公文写作的规范。

(2) 例文不仅规范,且简明、严谨。正文不足 200 字(含标点),但叙事清楚,表意明确,措辞十分得体。

第一段依"事件""反应""动态""后果"进行表述,条理清晰。其中"但""导致"等词语,明确表现了批评之意,可谓直述不曲,整段展示了作为询问函的具体针对性。

第二段,先强调发函依据,再提出要求。"迅速处理""及时上报"两个偏正短语,十分明确地传达了领导同志的指示内容。一般,上级机关的办公(综合)部门向下级机关行文,特别是涉及布置重要工作、提出要求、答复重要事项等,都须明确授权问题,常用"经××××(指本机关)批准(或同意)"或"根据××××(指本机关)领导同志指示"等语句。例文也很好地体现了这一点。

(3) 一般来说,县政府及其办公部门对本县直属机关或部门(如县教育局)进行事务性沟通时,往往并不需要行文,只是用电话了解、询问一下即可,但此事以"函"行文,无疑反映出所涉及问题的严重性,同时显示了高于电话联系的郑重规格。这种行文,是相当得体的。尽管行政公文"函"是平行文,必须用于"不相隶属机关之间",但也应注意,具体行文时不同机关(或部门)的措辞、语气会相应有所不同,如例文结尾一段,就一定程度地显示了下行的语气,这自然是与发文者身份及行文内容密切相关的。

应当指出,这一规范行文给予我们的启示是十分深刻的:首先,对于广大基层文秘工作者来说,写作公文时,不能沿袭前文旧制,依样"画葫芦",而应与时俱进,在充分掌握有关法规的前提下,对照标准,勇于突破本机关的不规范惯例,力求严谨规范;其次,对于公文学界研究者来说,必须广泛考察、全面了解公文运作实际,然后进行归纳分析,以相关法规作为根本性依据,有所判断,有所取舍,从而形成符合法规要求的认识;最后,在公文写作指导用书中,要有较强的法规意识。

例文三

1. 原文

××市财政局
关于在职"老人"住房货币补贴问题的复函

×财访〔2004〕19 号

市××××××学院:

贵院要求保留"老人"身份先按"新人"提取住房补贴的来信收悉。经研究,现答复如下:

一、根据市政府《印发关于××市直属机关事业单位住房货币分配实施方案(试行)的通知》(×府〔1998〕21 号)第四条第一款规定:"给每个实行住房货币分配的人员发放住房补贴的年限为累计 25 年,即 300 个月。发放住房补贴的起始时间,新参加工作人员为进入实施单位工作的次年 1 月份;其他人员为市房改办批准其实行住房货币分配申请的次月。"因此,你们的住房货币补贴,应按市房改办批准市××××××学院实行住房货币分配申请的次月,实行逐月发放。财政部门从 1998 年起,已批复同意你单位发放住房货币补贴,所以,你们的住房补贴应即刻逐月发放。2003 年的资金来源从你单位上缴的住房基金解决,请你单位按现行房改政策执行。

二、市政府《关于实行住房货币分配有关问题的通知》(×府〔2000〕18 号)第二条第二款规定:"本市企业和自收自支事业单位以及中央、外地驻×单位,可根据本单位的实际情况和经济承受能力,参照市人民政府×府〔1998〕21 号公文制定本单位住房货币分配方案。在发放住房货币补贴时可根据本单位的经济承受能力,对符合住房货币分配条件的职工,按照实行住房货币分配前的工作及实行住房货币分配时的职务给予发放一次性住房货币分配资金,余下的工作年限内的住房货币分配资金按月发放,但发放年限合计不得超过本单位制定的住房货币分配年限。发放一次性住房货币分配在资金上有困难的单位,可统一采取按月发放形式发放。"市××××××学院属于市财政核拨经费的事业单位,不适用×府×〔2000〕18 号文的相关规定,你们的住房货币补贴发放应按×府〔1998〕21 号文的规定执行。

此复。

××市财政局(印章)
二○○四年六月二十三日

2.分析

这是一份××市财政局回复市××××××学院来信询问事项而制发的答复函。

答复函为不相隶属机关之间答复问题或答复审批事项的常用公文。本例文便是这样一份典型的就受文单位来信询问事项所作回复与解释的答复函,很好地体现了平行文的性质。该文标题明确标示了文种性质——答复函,反映了不相隶属机关之间公务往来的关系。

正文采用了函的通用写法,主旨(干什么)、依据(为什么)、分旨(怎么样)三要素齐全。

首先,主旨要素和依据要素合并为第一段,简明扼要地交代发函缘由。它概述了对方来文的基本内容:"贵院要求保留'老人'身份先按'新人'提取住房补贴的来信收悉。"开宗明义地回应来信,作为回复依据,表明了复函原因的针对性。依据要素真实切题,说明为什么行文,以示严谨。然后用"经研究"及承转语"现答复如下",承上启下,转入下文的分旨要素。

其次,第二、三段的答复事项是该文的主体内容,即分旨部分。这里对有关询问事项作出针对性的详细答复,具体说明要办理什么事情,充分体现拟稿人的工作能力和文字水平。它采用了分条列项的形式,条分缕析。每一条都是先分别引述×府〔1998〕21 号和×府〔2000〕18 号公文作为开展在职"老人"住房货币补贴发放工作的具体指导原则,为解决实际问题作必要的铺垫说明,进而直截了当提出具体做法。主体事项答复条理清晰,内容明确具体,充分有力,态度鲜明,有根有据,有理有节,将住房货币补贴发放工作的原则和做法一一写明,督促受文单位尽快贯彻执行。

有话则长,无话则短。答复事项写完,全文也就结束了。结语规范,"此复"两字收束全文,戛然而止。

因为是处理公务、解决问题的行政公文,该文严格遵守一函一事的写作原则,便于对方单位及时处理。全文共 720 字,内容严谨,格式规范,先后有序,层次分明。结构详略得当,主旨和依据部分相对简练,分旨要素部分所占比重较大,虚实清楚,表意明确。还有,行文简洁,开门见山。开头"……来信收悉。经研究,现答复如下"言简意赅,寥寥几句就概述了有关复函办文的公务情况。该文堪称"文约而事丰","篇无累句,句无累字",全文干脆利落,没有多余的话。此外,措辞得体,平等待人。它讲究分寸,注意行文关系,语气得体平和,有理有礼,态度平等、诚恳,尊重对方,语气亲切,而且注意与受文对象之间的关系,恰当地使用相关的习惯用语"此复"和礼貌用语"贵院"等,体现不相隶属的机关单位公文往来的原则和合作精神。

例文四

1. 原文

办理 2015 年寒假留校学生热水卡的函

各二级学院:

　　根据后勤管理处寒假工作安排,寒假期间留校女生集中安排在明秀校区学生宿舍 7 栋住宿,除原住在明秀校区学生宿舍 17、18、19、20 栋的留校生所持有的热水卡可继续使用外,其他留校女生须购买新的热水卡方能使用热水。办理临时热水卡需工本费 10 元(待寒假结束时,所购新卡保持完整无损,可退还工本费及余额,否则只能退回卡内余额),寒假期间只办理寒假留校学生的购卡、充值业务,其他情形搬入的学生购卡,待下学期开学时再统一处理。

　　充值时间:1 月 19、20 日和 2 月 12 日下午 15:30—18:30。

　　充值地点:明秀校区学生宿舍 7 栋一楼热水充值点。温馨提示:请充足费用妥善保管好热水卡以免影响使用。

后勤管理处(印章)

二〇一五年一月十三日

2. 分析

(1)标题不当。

其一,缺少发文机关名称,其与事由之间应用"关于"连接。

其二,句式结构不紧凑,事由主干"办理……热水卡"之间插入了一个较长的定语"2015 年寒假留校学生",使得句子被拉长,影响受文者迅速把握公文主旨。

(2)层次不清晰。

公文常用的结构模式是三段式:发文缘由—发文事项—结束语。段与段之间应有过渡语,比如"现将有关事项函告如下"。例文全篇可分成两大部分,第一部分交代缘由,既写了行文依据,又写了一部分发文事项,内容杂芜;第二部分接着写其他事项。两大部分之间缺乏过渡照应,内容纠缠,给人混乱之感。

（3）未分条列项,缺少主题句。

公文写作讲究条分缕析、眉目清晰,这样才能便于受文者迅速、准确、完整地理解公文内容。如果缺少主题句,受文者需要花时间归纳概括段旨、理解文意,从而影响办事效率;如果办理事项较多却未分条列项,办事时容易遗漏一些信息。例文中有 5 条告知事项相互杂糅。另外,有些事项没有主题句,如第一部分有两项内容,均未提炼出主题句,第二部分中的"温馨提示"则含义不明。

（4）逻辑顺序不当。

文章结构要讲究逻辑,必须符合人们的思维规律或者事物的发展规律,如由总到分,由开端到结尾,由因到果,由主到从等。只有按逻辑表达,文章才能条理清晰、明白易懂。比如例文中的退卡要求应放在充值时间和充值地点之后,这才符合时间上的顺承规律。

（5）缺少结束语。

公文一般有专门的结束语收束全文,如"特此函达"等。

（6）成文时间标注不当。

成文日期应该用阿拉伯数字标注。

例文五

1. 原文

关于技校自费生收费标准的复函

市价费函字〔××××〕第 11 号

市技校招生办公室：

你校五月二十三日报告收悉,根据省物价局、财政厅、劳动厅联合发出的〔××××〕×价费字第 138 号公文规定,考虑到我市的实际情况,经研究决定,函告如下：

一、技校招生报名考务费每人××元,公费包分配学生每人每年收取×××元。

二、定向分配自费生,二年制,每人每年××××元;三年制的每人每年×××元;市、县(区)劳动培训中心,两年制的每人每年×××元;三年制的每人每年×××元;从×××级新生开始执行,老生老办法,新生新办法。

三、培训教材、书籍课本按实际收取,多退少补。

四、各县(区)各招生学校、培训中心一律不得增加集资费、实习费、住宿费等其他任何收费项目,也不得提高收费标准。

特此函复!

2.分析

上面这份函属于答复函,是某市物价局就该市技校招生办公室提出的学生收费标准问题的复函。通览这份复函,可以发现以下一些问题。

(1)标题不规范,文题不符。

公文标题一般由发文机关名称、事由(主要内容)和文种三部分组成,俗称公文标题三要素,且应做到准确、简明、齐全。复函的标题是"关于技校自费生收费标准的复函",而复函正文第一条则是"公费包分配学生的收费"问题,文题不符,标题没能准确概括和反映文章的内容。以偏概全是公文标题制作的大忌。

复函的标题与函的标题不尽一样,它不仅包括发文机关、事由,在发文机关与事由之间还要加入受文机关名称,文种要写明"复函"二字,如"国务院办公厅关于悬挂国徽等问题给湖北省人民政府办公厅的复函"。该复函既没有写明发文机关名称,也没写清事由,致使受文者不知道是何单位就何事发出的复函。规范的写法是"××市物价局关于技校新招自费生收费标准问题给市技校招生办公室的复函"。修改后的标题,不仅做到了标准规范,而且突出了函复的特点,还因概括全面、准确,消除了文题不符的毛病。

(2)标点符号使用混乱。

正文中第一个逗号前讲的是一个完整的内容,其后讲的是另一个内容,故此处的逗号应改成句号。感叹号是用来抒发某种强烈感情的。"特此函复"并不具有抒发某种强烈感情的色彩,末尾处的感叹号使用不当。

(3)语句啰唆。

正文中"老生老办法,新生新办法"的表述没有任何实质意义,因为前述已经明确:新的收费标准"从×××级新生开始执行"。既然规定"按实际收取",何必还要写上"多退少补"?为使表述严谨,第三条可改成"……已多收部分,务必在收到复函后×天内退给学生"。

"培训教材、书籍课本……"中的"书籍"是"书"的总称,"教材"是"书","课本"还是"书",没有连用的必要。

"一律不得增加集资费、学习费、住宿费等其他任何收费项目"一句中的"等"字为助词,用在两个或两个以上并列词或词组之后,表示列举未尽之意;"其他"为指示代词,表示一定范围之外的人或事物;"任何"是形容词,是不论什么的意思。这三个词在这里都具有上述列举项目之意,没有连用的必要,用一个"等"字简洁明了。

(4)事项表述不清。

标题没有全面、准确概括和反映复函的内容,也没有突出函复的特点。复函的中心内容和行文目的是明确"学生的收费标准问题",虽然正文四项内容讲的都是"收费"问题,但六项具体的收费项目中,只有一项明确为"报名考务费每人××元",其他五项只有收费金额,至于收的是什么费只字未提。而将"……每人每年×××元"改为"……每人每年××费×××元"就明确具体了。

表述不清会给复函的执行带来麻烦。为此,应在"两年制的每人每年××
×元"处下边一行空两格的地方补充这样类似的内容:"上述收费标准,从××
级新生开始执行;老生和公费包分配学生仍按〔××××〕第××号文的规定收费",以明确新收费标准执行的起始时间与老生和公费包分配学生的收费标准。还应将"公费包分配学生每人每年收取×××元"中的"收取"改成"收费","三、培训教材、书籍课本按实际收取,多退少补。"中的"按实际收取"应改为"按标注定价收取",即"自编培训教材按成本价收费,课本按标注定价收费。已经多收部分,务必在收到复函后×日内退给学生"。

"二年制,每人每年……"中的"制"的后边少了结构助词"的",造成语法不通,语意不明。这里的"的"字句式,系指上文的"定向分配自费生"。

复函的主送单位是"市技校招生办公室",第二条针对的是"市、县(区)劳动培训中心",可第四条又指出:"各县(区)各招生学校、培训中心,一律不得增加……收费项目,也不得提高收费标准。"人们不禁要问:"市"各招生学校就可以"增加收费项目,提高收费标准"吗?之所以会产生这样的歧义和疑问,就是因为行文不严谨、事项表述不清。公文是办事的依据,事项表述不清就会削弱行文的作用和意义,甚至会给工作带来损失。

(5)复函的结尾用语。

复函亦称答复函或批准函,是上级机关或业务主管部门向下级答复或批准某一事项的函。某市物价局与市技校招生办公室之间不存在上下级关系,但对市技校自费生收费标准的审核却是其职能范围内的事情。本文结尾用语较合适。

例文六

1.原文

请求帮助我区办培训班的报告

东方大学:

我区机械厂较多,最近有一批人员下岗,大多在 40 岁左右。据了解,现在有些单位缺少文秘和档案管理人员,我们想请你校代培训 50 名下岗女工,请尽快给我们回复。

此致
敬礼!

宁德区劳动局
一九九九年二月十日

2.分析

(1)很明显,这是一个区的劳动局向一所大学请求援助的公文。根据规定,不相隶属机关之间相互商洽工作、请求帮助的内容应采用"函"这一文种。然而,此处却用"报告",说明文种使用有误。

(2)行文时虽然要求讲得较清楚,宁德区劳动局希望东方大学代为培训下岗女工,以便她们能在"文秘"和"档案管理"行业尽快上岗。大学代为培训下岗女工,虽然这是其力所能及的事,但收到此文后如何答复还真无从下手。

首先,这些女工的基本情况不清,其原有的文化程度将决定培训的层次。其次,培训的时间多长,最好安排在哪段时间,这些问题均不清楚。最后,应有一个培训计划之类的附件。当然,首次发函,可以是意向性的,但基本要求还是应当规范、明确、具体。此外,还应给函加上编号,注明联系方式、联系人。

(3)公文结构以及文字,也有修改的必要,如文末用"此致,敬礼"并不妥当。此函作为商洽之用,可用商洽函常用的结语"可否,请予研究答复"作为结束语。

·公函与便函和一般书信的区别·

前者属于法定公文,要求按规定程序办理;后两者属于常用文书范畴,它没有文头、标题、发文字号,也不要求拟稿、核稿,比较简便灵活。

便函和一般书信的结尾用语有:"为感""为盼""为荷"或"此致敬礼""顺致敬意""祝君安康"等敬祝词语。公函不能用上述结束用语。复函的结束语有"特此函告""此复""专此函达""函复"等。

第十五节　纪　　要

一、纪要概述

(一) 适用范围和特点

纪要适用于记载会议的主要情况和议定事项。

会议纪要的写作是机关单位文秘人员的经常性工作。要写好会议纪要,必须先做好会议记录。会议记录是会议纪要的基础,它是文秘人员对一次会议内容全面、准确的记录文字,可谓是"有言必录"的文本。而会议纪要,则是从庞杂的会议记录材料中抽取出来的内容概要,可谓是"记其所要"的文本。从会议记录到会议纪要,不仅使文本的性质发生变化和提升——从事务文书转变为行政公文(正式公文),还是对写作者概括、分析能力的检验。从这个意义上来说,没有较强的概括和分析能力,是很难写出合格的会议纪要的。

纪要具有如下显著特点。

(1)纪实性。会议纪要是会议宗旨、基本精神和所议定事项的概要纪实,不能随意增减和更改内容,任何不真实的材料都不得写进会议纪要。

(2)概括性。所谓概括,其实就是归纳、综合。会议纪要是公文的精髓、概要,它以极为简洁、精练的文字高度概括会议的内容和结论。

(3)分析性。分析性是纪要的又一特性。纪要在记录的基础上,针对记录对象的本质和彼此之间的关系进行剖析、分辨和研判并作出结论,是概括与分析的统一。

概括和分析,在会议纪要的写作中不是单一或孤立地进行的,而是紧密地

141

结合在一起的。比如,作为一个秘书,在一次重要会议上,很多与会人员发表了意见,谈到了许多问题。如果只是会议记录,他只需要提高书写速度,如实记录就行了。但如果要把这份"会议记录"变成"会议纪要",那就要进行如下的工作:首先,要通过分析和运用抽象思维,将分析材料的性质加以辨认;其次,将已经辨认的材料进行分类概括,将意见中的同类材料归纳在一起,同时也要把不同类的材料归纳在一起;再次,对每一类材料贴上概念、判断的标签,表明文章段落层次的要点或中心;最后通过审视全部的要点,抽象概括出会议纪要的主题。由此可见,概括分析贯穿于会议纪要写作的全过程。

(二) 结构模式

1. 文头

文头由会议名称加"纪要"组成,其下不用发文字号,在其位置上写上"第×期",并在期号左下方写上制发单位名称,右下方写上制发的年、月、日。

2. 标题

标题一般由会议名称和文种组成,如"市人民政府办公会议纪要"。

(1) 单标题。单标题由"会议名称＋文种"构成,如"市长办公会议纪要"。

(2) 双标题。双标题由"正标题＋副标题"构成。正标题揭示会议主旨,副标题标示会议名称和文种。如"把经济体制改革放在首要位置——市场座谈会议纪要"。

3. 时间

会议纪要的时间,一般是会议纪要形成的时间,有时也可以写会议结束的时间。会议纪要的时间一般写在标题下方的居中位置,并且首尾加圆括号。

4. 主送机关

纪要没有主送机关。

5. 正文

会议纪要正文包括会议概述和内容纪要。

(1) 会议概述,即正文开头,概要介绍会议时间、地点,召集单位与主持人,与会范围与出席人员(身份)以及会议主体等。

(2) 内容纪要,即正文主体,包含了会议主要精神与议定事项。会议主要精神,是指对会议议题经过讨论分析而形成的指导思想。这是会议议定事项的思想基础,也是会议弘扬的主要精神。议定事项,是指会议议定的部署、措施和要求。会议的目的是解决问题,议定事项正是会议成果的体现。因此内容纪要必须抓住要领,认真提炼,概括综合,理清思路,分清层次,从而使纪要脉络分明。有的会议纪要在末尾提出希望或号召,作为对纪要内容的强调与补充。这种写法,可视需要酌情而定。

6.落款

纪要没有落款。

二、范例

例文一

1.原文

县长办公会会议纪要

时间:××××年×月×日×时

地点:×××会议室

主持人:×××

出席人:×××,×××,×××

列席人:×××,×××

议题:

1.×××××

2.×××××

会议决定事项如下。

1.……

2.……

3.……

4.……

2.分析

本会议纪要在会议决定事项之前,属于会议的自然情况,分条列项写明会议召开的时间、地点、主持人、出席人、列席人等。以下为具体讨论决定的问题,将问题逐一表达,包括研究了什么问题、怎样决定的、如何具体落实等。同时,纪要采用惯用语,包括"会议学习了""传达""会议认为""会议指出""会议要求""会议号召"等使会议纪要写得较为规范。

例文二

1.原文

×××市人民政府办公室
专题会议纪要

时间:××××年××月××日

地点:×××××

主持人:×××

参加人:×××、×××、······

研究事项:研究全市节水灌溉有关事宜

与会人员于 11 月 19 日赴××省××市××县进行了学习考察,参观了××县水务局地下水资源管理信息系统,听取了××县×××副县长、×××大学×××教授关于××县节水农业总体情况、地下水资源信息管理等方面的情况介绍,实地考察了××县××镇××村等节水灌溉示范工程。在市副秘书长×××同志主持下,于××市××大厦会议室召开了全市节水灌溉工作座谈会。进一步学习了×××市长 8 月 14 日在坝上节水灌溉工作会议上的讲话;听取了与会各县区考察学习××县节水农业的收获和体会,以及下一步本县区节水灌溉工作的思路和举措。市水务局×××局长对全市当前和下步节水灌溉工作进行了安排。

会议认为,我市水资源十分匮乏,节水已成为推进全市经济社会更好更快发展的迫切要求。大力发展节水农业是解决制约我市农业发展瓶颈的最有效途径之一,是实现农业现代化的有力抓手。目前,我市地下水资源管理还存在许多亟须解决的困难和问题。××县节水农业和地下水资源信息化管理工作的成功经验,为我市提供了难得的典范和样板,要认真研究,充分借鉴,消化吸收。借鉴××经验,结合我市实际,加快推进我市节水农业发展,必须要做到三个结合即:整体推进与精品示范相结合,工程节水与调整结构相结合,环节突破与系统完善相结合。把握"四条原则",即规划先行、项目管理;求实求是、因地制宜;整合资源、机制创新;整体规划、分步实施。考察结束后,坝上各县区要立即着手开展节水灌溉工程规划、招标、建设等各项前期准备工作,确保明年开春后迅速进行施工作业。

会议议定:

一、抓紧进行方案审批论证。各县区要加快制定节水灌溉规划方案,务于 11 月 21 日前完成并报市水务局,市水务局汇总后尽快报市政府。

二、制定科技培训方案。

市水务局结合全市今冬明春农业科技培训,制定节水灌溉技术培训方案,政府办公室负责协调市农牧局、市人社局,将节水灌溉技术培训列入今冬明春"农民实用技术培训"整体工作方案。市水务局负责培训师资,各县区负责培训乡村技术人员。在条件允许的情况下,要组织乡村干部和技术人员到山西清徐县以及我市××县×××乡就节水灌溉工作进行考察学习,在全市形成外学××县、内学×××,大力开展节水灌溉的浓厚氛围。

三、全力推进工程招投标工作。全市节水灌溉和信息化管理工程招投标工作由市水务局统一组织,按照国家法律法规和上级规定尽快实施,在方案未批之前,各项工作及有关资料要先行准备,一旦批准,立即进入招投标程序。

四、完善基层水利服务体系建设。年底前,××四县要全部落实乡镇水利服务站的编制、人员和场地。重点村要在春耕前成立村级用水者协会,不具备条件的要暂时由村委会代行职责。明年召开农村工作会时,要对××四县基层水利服务体系建设情况进行通报。加快地下水资源管理信息采集工作,对于当前可以采集的一些基础数据,如水源井位、控制面积、电力配套、机泵管网、农户资料等,从现在入手进行统计、录入,形成数据基础。

五、在学习借鉴的基础上实现创新突破。特别注重在重点监测与管理环节上实现突破。借鉴××县的做法,进一步规范已有的节水灌溉工程及模式,形成多元化、多模式、多投入和高点站位、高层设计、高效管理的节水系统,争取进入全国节水示范先进行列。对水权分配、设备功能、软件应用、水价机制等技术性问题要从长计议、多方比较、逐步到位。同时,市水务局要责成专人专题研究坝下灌区末级渠系及水价改革节水改造新机制。

六、执行最严格的水资源管理制度。从现在到节水规划正式批复之前,坝上各县区一律不得打新井。如按照新规划确需打新井的,则要严格按照新打机井水利部门审核、县长审批签字的制度执行。

同时,各县区要抓紧研究机井布局、集约使用等问题,确保与批准的规划方案紧密配套。

七、认真研究消化学习考察成果。市水务局负责撰写此次学习考察报告,一周内报市政府主管领导、主要领导。考察报告要结合清徐县节水灌溉工作经验,对做好我市节水工作提出切实可行的建议,市领导批示后下发各相关县区。

八、开展好督导检查工作。市水务局要针对当前我市节水灌溉和信息化管理系统建设的各项工作进度,尽快制定督导检查工作方案,并迅速组成专门的工作组,采取局长包县区、科技人员包乡进村的方式,深入县区和有关乡镇、村进行督导检查。每周对工程进度进行一次系统调度,每月进行通报,以此推动工作落实。

2.分析

例文存在三个主要问题:一是把会议主题概括为"研究全市节水灌溉有关事宜"不准确、不清楚。这是一次学习某县经验的座谈会,不是一次部署全市节水灌溉工作的会议。二是忽视了座谈会的主要内容之一——学习某县节水经验。虽然全文中的不同部分都有这方面内容,但与其他内容杂糅在一起,不明显、不突出。三是条理不清晰,缺乏逻辑性。例文的引言和议定的八个方面工作,其相互内在关系很不清楚。

例文三

1.原文

××工程管理处公文

××工(1992)16 号

关于内部工程设计、施工、管理问题讨论会议纪要

各科室站所厂:

1992 年 8 月 2 日下午,处召集设计室、施工队、土程科等有关人员开会,就处内工程设计、施工、管理问题进行了研究讨论。会议由总工程师××主持,现将会议纪要颁发:(正文略)

×工程管理处(公章)

1992 年 8 月 4 日

2.分析

这篇会议纪要集中反映了会议纪要应用中常见的几种错误。

(1)滥用文种,即不考虑会议纪要的特定使用场合,不管什么会都发"纪要"。使用会议纪要有三个条件:第一,会议要有"与会单位";第二,要有"议定事项";第三,要求与会单位共同"遵守、执行"。三者缺一不可。上述例文中,发文单位是"×工程管理处",参加会议的单位仅仅是该处下属施工队、工程科的有关人员,并非各自代表的单位,故无"与会单位"的因素存在,不符合使用"会议纪要"的三个条件中的第一点。因此是滥用、错用文种。

(2) 主送机关不当,即把未参加会议的单位也列为主送机关。严格来说,会议纪要对没有参加会议的单位无约束力,非与会单位接到纪要后完全可置之不理。假设例文文种正确,是一篇"会议纪要",那么,这篇"纪要"的主送方向只可以是与会的设计室、施工队、工程科,决不应是"各科室站所厂"。

(3) 印发方式错误,上级机关不能"直接印发"下级几个部门联合召开会议所形成的"纪要"。根据"公文作者特定性"原则,印发"会议纪要"应是:与会单位联合行文,直接印发。具体方式可有 3 种:① 简便式,与会单位用白版头直接印发。② 固定式,即采用与会单位名称的红色版头方式。上述两种方式的落款是"与会单位";③ 运用红头公文转发(印发)式。这是为了提高"纪要"的权威性,促使在更广泛的范围内遵循、执行,可以请上级用"通知"文体转发(印发)到有关单位。"通知"的落款是上级机关。假设例文是一篇正确的会议纪要,而它却采用由"×工程管理处"直接印发"纪要"的方式,显然就是错误的。该文应由施工队等与会单位直接印发,或者采用由×工程管理处以"通知"转发,而"纪要"本身应作为"通知"的附件出现。

(4) 落款日期不当,本文生成于《党政机关公文处理工作条例》(2012)之前,公文成文日期中的数字需要使用汉字。

佳作赏析

第四章 公文的管理

现行公文的管理及非现行公文的归档,统称为公文管理。它是一项在办公室领导下的工作,办公室应当随时掌握公文去向。其工作内容包括文书工作和秘书工作中与公文工作相关的部分,具体体现为文书部门负责的收文(发文)、分文批注、阅读管理、缮印校对、运转递送,以及将单位上一年度已经完成现行效用的公文整理以便清缴销毁或立卷归档移交档案室保存等工作;同样包括秘书工作中的公文起草、拟办、核稿的环节。它体现了公文从酝酿到形成、公文在公共管理活动中履行现行的使命、公文结束现行效用期后的销毁或存档等一系列过程。其中,公文起草、拟办、核稿既是公文的组织过程,又是宏观层次上的公文管理过程。前面已经从文种的角度具体地对公文组织进行了介绍,这里把公文起草、拟办、核稿作为公文管理的一部分进行探讨。

公文生命周期理论认为,公文从其形成到销毁或永久保存是一个完整的过程;依据公文的不同价值及其作用形式,这个完整过程可划分为若干不同的阶段;在公文的每一阶段因其特定的功用和价值而与管理形式、保存场所之间存在一种内在的关系。在公文的现行效用完成前,它的功用通过满足当前事务管理而得到体现,具有凭证价值,其意义主要是针对现行机关,存放于机关;公文的现行效用结束后,它的功用逐渐地由对应机关而转变为面对社会,具有情报价值,其意义主要是面对社会,存放于档案机构。

第一节 现行公文的管理

现行公文是指正在执行的公文,这些公文为了完成或达到其为之形成的目标而具有的法律的或行政的效力。简单地说,现行公文是现行有效的公文,就是已经生效并正在执行的公文。

一、收文的管理

收文,是指收进外部送达本机关、单位的公务文书和材料,广义的收文包括公文、电报、信函、内部刊物、资料、其他文字资料,这里主要指接收公文,这是公文组织与管理环节中的重要组成部分。

（一）单位收文的主要来源

（1）上级领导机关来文。受辖机关接受上级机关的行文,通常有通知、批复、指示、决定等。

（2）平行文。同级机关或者不相隶属的,没有领导与指导关系的机关之间的一种行文。比如,中共中央各个部之间,国务院的各个部、委、局之间,各个省委之间,省人民政府之间,各个县委之间,县人民政府之间等,都是平级平行机关。再如,省军区和省人民政府之间、学校和工厂之间,它们没有领导与指导关系,是一些不相隶属的机关。上述这些机关之间,在相互联系或协商工作问题时,所形成的公文,称为"函"。

（3）下级机关或业务部门向本机关的行文,如请示、报告类。

（4）人民群众的来信。

（5）本机关领导及有关人员外出(考察、开会等)带回来的公文。

（二）收文程序

根据《党政机关公文处理工作条例》第二十四条的规定,收文办理主要有如下程序。

1. 签收

对收到的公文应当逐件清点,核对无误后签字或者盖章,并注明签收时间。此项工作一般由专职外收发人员、兼职外收发人员、通讯人员完成。签收也是收文处理程序的第一步,由收件人将所收公文清点后,在对方的公文投递单或送文登记簿上签字,以表示公文收到的行为过程。

签收的任务主要包括:

（1）清点。收件人对所收件的件数进行认真清点,看其是否与投递单或送文登记簿上记载的件数一致。

（2）检查。收件人查看来件是否为本单位所收。

（3）签字。经清点、检查无误后,收件人在公文投递单或送文登记簿上签署姓名,并注明收到时间。

签收虽然是一项很简单的工作,但要求收件人认真负责,耐心对待,不能马虎,不怕麻烦,以免出现差错。

2. 登记

登记是将收来公文拆封后,在一定载体上对来文自身有关特征及收交处理相关记录的过程,即制作收支登记表(表 4-1)。登记是对收文进行统计和处理的记载,是管理和保护公文的一种必要措施。

表 4-1　　　　　　　　　　　　　**收文登记表**

序号	来文单位	文号	公文标题	页数	附件	收件人	收件日期	承办人	承办日期	归卷情况	备注

　　收文登记的作用主要是责任和凭证,具体体现在:收文登记便于掌握公文收进和阅办的情况;可以使公文管理有条不紊,防止公文的积压和丢失;有利于管理和保护公文,便于对公文进行查找、检查、统计和催办;可以有效地控制公文的运转,更好地发挥公文的作用。同时,收文登记还可以作为公文交接的凭证。

　　(1)登记的形式。

　　登记的形式多种多样,可以根据机关的实际情况来选择。在 OA(协同办公)系统普及的今天,常用的登记形式是收文登记人员在接收到公文以后,对公文的内容特征和形式特征在系统中进行著录(公文的电子化),而传统的登记形式主要有以下 3 种。

　　① 簿册式登记。采用事先装订成册的登记簿进行登记。这种登记法易于保管,应用比较普遍,但比较死板,写错了不易修改,若按流水号编排顺序号,不便于分类检索。

　　② 联单式登记。采用一次复写多联的方式进行登记。这种登记法可以减少重复登记手续,提高效率,但易磨损,不利于长期保存且易丢失。

　　③ 卡片式登记。使用卡片进行登记,每张卡片登记一份公文,必要时可登记一组公文。这种登记法可以灵活地进行分类排列,方便公文检索,但容易丢失。

　　(2)登记的项目。

　　收文登记簿的登记项目包括收文时间、来文单位、信封号、缓急程度、来文序号、密级、内容(标题)、份数、处理情况、处理时间、处理人等。

　　联单的登记项目包括收到日期、时间、发信人、收信人、发信日期、主要内容、处理情况及日期等。

收文登记卡的登记项目包括收文时间、来文单位、来文号、收文单位、标题和处理结果等。

（3）登记需要注意的事项。

不论采取何种形式、何种方法进行登记，都要认真负责、及时准确，利用纸质载体登记时要注意字迹清晰、工整。

3.初审

对收到的公文应当进行初审。

如发现误送或请示、指导性公文无发文机关领导签字或者盖章及其他手续不全的，应及时退回原发文单位；发现附件、页码等不符的，应立即查询；收文上没有标题或标题不全的，应根据内容作出标题；若封内有回执单的，要将回执单填好，并将其返回原发文单位。特别是收到下级机关上报需要办理的公文，文秘部门要认真做好收文审核。初审的重点：是否应当由本机关办理，是否符合行文规则，文种、格式是否符合要求，涉及其他地区或者部门职权范围内的事项是否已经协商、会签，是否符合公文起草的其他要求。对不符合规定的公文，经办公厅（室）负责人批准后，可以退回发文单位并说明理由。

4.承办

这里的承办，并不是公文事项本身的办理，而是对公文中事项办理归属的分析、判断以及把公文分转到具体办理的部门去，即单位办公室为领导人批办公文，为具体部门办理公文中相关事项所做的各项准备工作。

管理部门对公文的承办，往往在对公文的拟办、签署过程中得到体现。

（1）拟办。针对公文，提出办理的意见或建议。包括：① 在公文处理单上书写对收文办理的方案和建议，并签署拟办人姓名和日期；② 对内容复杂的公文予以摘录；③ 查询并附上公文中涉及的有关指示或规定，为领导人批办、部门的具体办理提供依据；④ 查询前案处理过的有关公文，供领导人以及办理者参考，使被办理的事项前后衔接，具有连续性；⑤ 对需要领导批办的公文分清主次缓急，依次报批，以增强批办的计划性；⑥ 对收文中有关数据和重要情节进行初步鉴别。

拟办意见的写法有简单和详细两种，具体根据对收文的承办要求而定。如属阅知类，只写明某某领导同志阅知，不需提出任何具体意见。如属阅示类，只要求某某领导同志给以批示，不需提具体参考意见。如属建议类，不但要写明公文的送阅对象，即由哪个部门承办，还要提出相关意见及承办要求和时限。如"请×××阅后交×××办理"，或"请×××阅示，建议此件应……办理为宜",或"此件请×××,×××传阅,并建议提交×××作专题研究"等。如公文需传达的可提出传达范围、传达时间、传达形式和由谁传达等。如属评议类,不但要写出评论性意见,还要提出相应建议。如"此件第×点提法欠妥,望再做调查研究后上报。请×××阅示"或"此件较好,请批转。请×××阅定"。

(2)签署。在拟办意见下完整地签上拟办人姓名和拟办时间。

需要公文管理部门承办的公文通常包括:① 上级机关主送本机关需要贯彻落实的公文;② 机关直属各部门主送本机关的请求性或建议性公文;③ 下级机关主送本机关的请示性公文;④ 平级机关和不相隶属机关主送本机关的商洽性公文及其他需要贯彻、办理的重要公文。

公文管理部门在承办时应注意:① 熟悉与公文内容有关的法律、法规、方针、政策和上级有关公文,熟悉有关业务;② 为使公文所针对的问题得到有效处理,必须深入实际,加强调查研究;③ 加强协商,努力协调各方面关系;④ 分清主次,区别缓急,科学安排办理次序。

5. 传阅

根据领导批示和工作需要将公文及时送传阅对象阅知或者批示。

公文传阅是公文处理工作的一种手段,是办公室秘书人员当好领导、参谋助手的基本功,是各级办公室(厅)工作的一个重要环节,具体体现在以下几点:① 公文传阅追求"流水式"批示效应,领导成员和有关部门依次阅文,然后把批示(意见)内容集中起来才能形成民主决策;② 公文传阅是领导之间交流认识、统一思想的过程,通过公文传阅,互相通气,交换看法,可以避免对一些问题产生歧义,有助于领导之间取得共识;③ 通过公文传阅,集领导层意见于一纸,可以实现公文处理过程的完整记录,形成准确的文书档案;④ 公文传阅与复制分送相比,慢中见快,所有阅文者的意见在传阅过程中均跃然纸上,可以提高办事效率。

办理公文传阅应当随时掌握公文去向,不得漏传、误传、延误。

阅知性公文应当根据公文内容、要求和工作需要确定范围后分送。批办性公文应当提出拟办意见报本机关负责人批示或者转有关部门办理;需要两个以上部门办理的,应当明确主办部门。紧急公文应当明确办理时限。

6. 催办

及时掌握公文的办理进展情况,督促承办部门按期办结,包括对公文承办过程实施的催促和检查过程。

　　按照催办方向,可将催办分为对内催办和对外催办。对收文管理的催办体现为对内催办。

　　(1) 对内催办的对象:单位内各科室。

　　(2) 催办的流程。催办工作的一般流程为:明确对象与对承办工作的要求(时限、方式、原则等);将有效进行催办工作所需要的情况以"公文催办单"等形式记录在案,作为催办依据;定期或随时向承办部门或人员催询检查承办工作进展情况;及时协助制订和实施解决问题的方法、措施,保证公文迅速、有效地运转;验收已办毕公文,综合反映承办工作实际情况与结果,注销已办结公文。

　　(3) 催办的范围。催办的范围包括:① 上级下发需要层层贯彻执行和回复的重要公文;② 下级报来需要答复、办复的公文;③ 领导批示限时办理和索要办理结果的公文;④ 外单位向本单位联系、商洽工作需回复的公文;⑤ 送领导传阅、批示、签发或者交有关部门办理的公文。另外,要加强对出差、请假人员办文的催办。

　　(4) 催办的形式。催办的形式可以是多种多样的,可以采用电话催办、书面催办、登门催办、开会催办、传真催办、电子邮件催办等形式;也可发催办卡、催办单等进行催办;还可发简报,公布各单位办文情况,对好的单位加以表扬,对久拖不办的单位进行批评,以起到催办作用。无论采用何种催办形式,催办人员都应及时记录催办时间、方式、联系人姓名及公文办理情况,以掌握工作进展和催办工作的情况。总之,催办工作是一项很重要的工作,各单位要加强对催办工作的领导,建立健全催办制度,设专人负责催办工作,以提高办文质量,并确保公文处理程序的正常运转。

　　在 OA 系统中,催办已经变得相对简便。点击公文流程中的催办,系统会马上发送一次催办信息给公文的具体办理人,办理人一旦登录 OA 系统,就会看到这条催办消息。

　　对内催办作为公文管理工作的一项内容,有必要将其纳入办公室工作的岗位责任制。除了办公室主任、文秘催办外,办公室其他人员都需承担催办的责任,完成催办的任务,齐心协力做好这项工作,并将结果及时向有关部门和领导汇报。

　　紧急公文或者重要公文应当由专人负责催办。

　　7. 答复

　　公文的办理结果应当及时答复来文单位,并根据需要告知相关单位。

　　做好公文办理答复工作,是切实充分发挥公文的作用,及时办理相关事项的重要环节。为此,应根据需要针对不同情况分别处理,进一步做好公文办理情况的反馈工作,及时答复来文单位。

8. 立卷

立卷,即立卷归档,是将平时处理完毕的公文清退回来,按照要求放在贴有类别名称的公文装具中的过程。立卷是收文和发文处理的最后一道程序,是把平时处理完的收文、发文的定稿和存本,发文的复文及机关内部公文等,及时清退到公文管理部门,放到事先准备好的装具里加以保管,以便做好归档工作。在收文环节中,立卷是一个不可缺失的一环。

二、发文的管理

发文程序是指机关制发公文过程中的相对静止点,是制发公文的规程和序列。相对静止点反映着制发全程某一阶段的特征,规程是指程序阶段规范性的要求,序列则是指程序环节的排列组合。制发公文都要经历一个完整的公文制发过程,每一后续环节,均建立在前一环节基础上,环环相扣,无法逾越。没有起草形成的送审稿,就无审核形式的审核稿,没有审核稿,就不会有定稿的最后确立。公文的发文,体现着环环相扣的工作环节及规律。

发文处理,整体上包括制文和制发两个阶段。其中,制文阶段包括交拟、拟稿、核稿、签发、复核等环节;制发阶段包括打字排版、校对、印制、用印、登记、装封、传递、注发、归卷等环节,这是公文组织与管理环节的又一重要内容。

(一) 公文形成阶段的组织

机关因工作需要主动对外发文,或收到外来公文需要回复、批转等,都从制文阶段开始。制文阶段主要包括以下环节。

1. 交拟

交拟是机关领导将拟稿任务交给有关起草人员,是公文制作的起点环节。

起草公文一般由拟稿人根据机关领导人的授意进行,拟稿人起草公文是代表机关或机关领导人说话,因此,拟稿人起草的公文必须完整、准确地表达机关或机关领导人的立场、观点、态度,符合制发公文的意图。为了使写出的公文符合制发意图,拟稿人在领导交拟时,应当认真领会授意的内容,即弄清任务、意图、政策、依据、主要观点、意见、重要情况、具体要求、办法等。对于不理解或有疑义的地方,要及时提出,以得到领导的进一步指导。只有充分掌握制发公文的意图,拟稿人才有可能充分发挥自己的主观能动性,把制发公文的意图表达得完整、准确。

2.拟稿

拟稿是发文的第一程序,是关系公文质量的基础性工作。拟稿必须符合党和国家的方针、政策,符合公文处理的有关法规,准确体现领导的意图,并要求做到文字精练、语言准确、篇幅适当。对办公室直接撰拟的公文稿,一般由秘书科指定专人专拟。对涉及有关业务工作的公文稿,交业务主管部门代拟,代拟的公文稿在报办公室之前,必须由本部门主要领导签上处理意见。

(1)草拟的要求。

① 符合国家的法律、法规及其他有关规定。如提出新的政策、规定等要切实可行并加以说明。

② 情况确实,观点明确,表述准确,结构严谨,条理清楚,直述不曲,字词规范,标点正确,篇幅力求简短。

③ 公文的文种应根据行文目的、发文机关的职权和与主送机关的行文关系来确定。

④ 拟制紧急公文,应当体现紧急的原因,并根据实际需要确定紧急程度。

⑤ 人名、地名、数字、引文准确。引用公文应当先引标题,后引发文字号。引用外文应当注明中文含义。日期应当写明具体的年、月、日。

⑥ 结构层次序数,第一层为"一、",第二层为"(一)",第三层为"1.",第四层为"(1)"。

⑦ 应当使用国家法定计量单位。

⑧ 文内使用非规范化简称,应当先用全称并注明简称。使用国际组织外文名称或其缩写形式,应当在第一次出现时注明准确的中文译名。

⑨ 公文中的数字,除成文日期、部分结构层次序数和在词、词组、惯用语、缩略语、具有修辞色彩语句中作为词素的数字必须使用汉字外,应当使用阿拉伯数字。

同时,拟制公文,对涉及其他部门职权范围内的事项,主办部门应当主动与有关部门协商,取得一致意见后方可行文;如有分歧,主办部门的主要负责人应当出面协调,仍不能取得一致时,主办部门可以列明各方理据,提出建设性意见,并与有关部门会签后报请上级机关协调或裁定。

(2)草拟公文的规定。

① 符合党的路线、方针、政策和国家的法律、法规及上级机关的指示,完整、准确地体现发文机关的意图,并同现行有关公文相衔接。

② 全面、准确地反映客观实际情况,提出的政策、措施切实可行。

③ 观点明确,条理清晰,内容充实,结构严谨,表述准确。

④ 开门见山,文字精练,用语准确,篇幅简短,文风端正。

⑤ 人名、地名、时间、数字、引文准确。公文中汉字和标点符号的用法符合国家发布的标准方案,计量单位和数字用法符合国家主管部门的规定。

⑥ 文种、格式使用正确。

⑦ 杜绝形式主义和繁琐哲学。

同时,起草重要公文应当由领导人亲自动手或亲自主持、指导,进行调查研究和充分论证,征求有关部门意见。

由此可见,拟稿是非常重要的环节,必须高度重视。公文草拟时,要填写"发文稿纸"(表 4-2)"发文审批单"相关项目,公文草拟后,拟稿人须在发文稿纸"拟稿"一栏中签名。

表 4-2　　　　　　　　　　**发文稿纸样式**

部门名称							
发文号(日期)		紧急程度			密级		
签发			会签				
主送							
拟稿单位	拟稿	核稿	复核	打字	校对	印刷	份数
注发							
附件							
标题							
(正文)							

3.核稿

核稿是指公文送负责人签发前,由办公厅(室)进行审核的过程。核稿的目的是加强对机关发文的管理与控制,保证公文质量,节省领导人审核签发的时间。

公文代表着一个机关的形象,公文的质量决定着它发出去之后的效果。审核工作始终贯穿发文的全过程。尤其在办公室的公文审核把关方面,审核就像是签发前的"助攻",它既有各方面的综合,又有技术上的深度,同时涉及不同专业的知识。这些都突出表明了审核工作的重要性。公文的质量,在很大程度上取决于审核把关的水平,如果核稿工作有疏漏,公文在思想内容和文字表达上就有可能出现问题,给领导签发带来困难,就会影响机关工作的正常开展。

核稿主要从以下几方面着手:

一是审核是否需要行文。把好是否确实需要行文关是核稿的首要任务,也是行文的重要环节。核稿时首先应该考虑该公文该不该发,该以谁的名义发,是否需要提交一定的会议讨论或经过上级及有关机关批准,是否需要会签,报批程序是否符合规定等。

二是审核文稿内容。审核发文意图是否准确,是否符合党和国家的方针、政策及有关法律法规,是否与上级机关及本机关的有关规定相一致,所提出的意见、措施和办法等是否符合实际,是否切实可行,其界限是否明确,交代是否清楚,涉及有关部门业务的事项是否经过协调并取得一致意见等。

三是审核文稿的文字表述。审核公文文字表达的工作量很大,常从意的表达和形的表达两个方面去审核。

审核义的表达,主要包括三个层面:措辞是否准确、表达是否周密、文字是否流畅。文从字顺、准确简练、通俗易懂、语言得体是这一层面的审核标准。文句段落的内容是否符合逻辑,文句段落之间是否具有张力是公文实性的保证。一般不使用积极修辞,若有必要使用则必须恰当,以能有力地表现主旨、服务于文稿内容为标准。

审核形式的表达主要包括三个方面:看使用的标点符号是否合适、有无滥用和省略,要避免通篇"一逗到底"的现象,必须消灭文稿中的错字、白字、生僻字等;相关法规对公文的书写有一些具体规定,一定要得到贯彻。

四是审核公文文种的使用是否恰当。《党政机关公文处理工作条例》中对党政机关公文的主要文种和适用范围作出了规定。但由于党政机关部分工作人员对公文的辨析能力有限,也由于我国公文写作规范几经演变及党政机关使用公文惯例不同等原因,目前,党政机关公文写作实践中文种使用不当现象并不少见,这种现象影响了公文质量及党政机关的正常工作。由于行文的目的、内容和职权范围、隶属关系的不同,起草公文时必须首先弄清行文关系和选择适当的文种,"对号入座",克服混淆文种、超越职权、失礼、误事等弊端。因此,要规范文种的使用,把握好每个文种的适用范围及其相近文种的细小差别,核准文种的适用性。

经过审核,对于不符合条件的文稿要及时处理。对于不需要制发的公文,退回承办部门。文稿如需作较大修改,应当与原起草部门协商或请其修改,或组织专门人员修改;对于文字表达及格式上的错漏,由核稿人直接进行修改。

经过核稿人审核待发的文稿,呈送有关领导人审阅签发。同时,核稿人需在"发文稿"或"发文审批单"的"核稿"一栏中签字。

公文核稿工作作为公文撰制过程中承上启下的中间环节,它不仅仅是对一般性的文字进行格式校核、把关,更重要的是要确保党的方针、政策,上级的规定以及领导意图的准确体现,直接为领导决策服务。核稿时要具有政策意识、换位意识、整体意识和规范意识,并使之在工作中得到具体体现。

4.签发

签发是机关领导人将呈批的文稿进行审定后,签署意见的过程。签发是制文阶段的关键环节,一份文稿能否制发,主要取决于领导是否签发。签发是领导人行使职权的一种行为,是公文处理的一个过程和必备环节。只有经领导人签发,才意味着该公文已经产生法定效力。领导人签发的日期,即为公文的成文日期。

(1)行文签发的原则。

领导人只能签发行使职权范围内的公文,不得越权签发。一般情况下,以本机关名义制发的上行文,由主要负责人或者主持工作的负责人签发;以本机关名义制发的下行文或者平行文,由主要负责人或者由主要负责人授权其他负责人签发。机关主要领导人因公外出,由其授权或委托的负责人代签;重要公文,由机关领导人集体讨论或依次审阅后,共同签发或由主要领导人签发;以机关内某一部门名义制发的公文,由部门负责人签发;若因内容涉及的问题比较严重,部门负责人签发后,须再送机关有关领导人加签;联合发文,须经所有联署机关的领导人会签。

(2)签发的种类。

从签发原则上可以看出,签发种类很多。具体有:

① 正签,职权范围内的签发。

② 代签,根据授权或委托,代表主要领导人签发。代签时要在名字后面注明"(代签)"。

③ 核签,又叫加签,部门领导签字后再送给主管领导签发。

④ 会签,两个以上机关联合发文时,各有关机关领导人共同签发。会签是撰拟公文的过程中,主办单位主动与有关单位协商并核签的一种办文程序,一般当公文的内容涉及本单位的多个部门或与其他单位有关时,需要进行会签。

（3）签发的内容。

签发人对签发的公文负有完全的责任，因此，在签发时，要对拟签的公文做全面审定，然后在"发文稿纸"或"发文审批单"的"签发"一栏内进行签发。签发内容包括三部分：

① 签发意见。清晰、明确地写上文稿是否发出的意见，如"发""同意发出""修改后印发"等。

② 签发人姓名。签发人姓名要签全，以示负责。如属代签，应在姓名后注明"代"或"代签"字样。如发文属于上行文，签发人的姓名还要标注于公文首页，在发文机关标识下空两行，右空一字位置，以便于上级机关与发文机关的联系沟通。

③ 签发日期。签署完整的时间，如2017年5月20日，该日期为公文的成文日期，根据发文机关个数不同，按照公文格式要求，标注在正式公文相应的位置。

5. 复核

已经发文机关负责人签发的公文，印发前应当对公文的审批手续、内容、文种、格式等进行复核；需作实质性修改的，应当报原签发人复审。

复核是秘书部门在公文正式印制前，对已签发的定稿进行全面检查的过程。在公文正式印制前文秘部门应当进行复核的重点：审批签发手续是否完备，附件材料是否齐全，格式是否统一、规范等。经复核需要对文稿进行实质性修改的，应按程序复审。收到待印的公文定稿后，文秘负责人要执行印前复核制度。

（1）签署复核。查看有无机关领导人同意印发的签署意见，如无此程序需补签后付印。

（2）文稿复核。通览一遍文稿简要进行一次复核工作，主要是文字、体式方面的技术性复查，诸如查文号，看是否标明发文字号，所标示的与行文名义是否一致、序号是否衔接；查时限如系急件看是否有标志；查密级，若文稿系密件，看是否标密；查日期，看成文日期同签发人签署日期或会议批准日期是否吻合。

复核中发现问题，对技术性的、确有把握的可予修改，然后付印；对其他问题，可报告承办人联系处理。复核而未发现问题照章付印。

6. 登记

对复核后的公文，应当确定发文字号、分送范围和印制份数并详细记载。

（1）确认发文字号。

复核后的登记，首先是发文字号的确认与登记，避免重号、漏号现象的出现。重号即两份公文用的是同一个发文字号，漏号即发文没有按流水号依次确定发文字号，而是出现了跳跃式。如发了1号文以后，再发文应用2号，却用了3号，这样2号就成了漏号。重号或漏号，既不符合公文处理和公文管理的要求，又为公文归档后的查找带来了不便，还会或多或少地减弱公文的严肃性和影响发文机关的形象。但是，在实际中却难以避免。

造成重号或漏号原因是多方面的，概括起来主要有以下几个方面：一是留号，有的单位领导主观地认为发文字号有轻重之分，要求工作人员将1、2、3号留出来，以备发重要的或比较重要的公文时用，这些号的使用需经领导定，结果留来留去就留成了空号；二是对发文字号不进行登记，仅凭记忆确定发文字号；三是虽有登记却不严格；四是有的机关或单位为了应付某些检查而编造公文，由于公文本身是假的，又为了使人不易从发文字号上发现是假公文，就需要根据公文的时间给一个"合理"的字号，这也造成了一部分重号公文的出现。

发文字号是国家机关公文格式的指定项目，是公文必不可少的组成部分之一。正确使用发文字号应是发一个文按照发文的时间先后顺序依次给定一个特定的发文字号，两份公文不能使用同一个发文字号，也不能跳跃式使用发文字号。对于喜欢留号的领导，在公文组织过程中工作人员应帮助领导养成正确的文号概念观，公文的重要程度是由公文的内容决定的，与发文字号没有关系，不存在哪个号的公文重要哪个号的公文不重要的问题。发文字号只不过是一种简洁的公文代名称。同时，要对发文字号指定专人管理，严格进行登记。

（2）确认发文分送范围和印制份数。

确认发文分送范围，这影响了行文机关的权威性及行文效果。通过登记确认发文分送范围，有利于各级机关运用公文进行有效的领导和管理，提高工作效率，避免行文混乱，指挥不灵，信息迟缓或不通；有利于克服滥抄滥送的文牍主义；有利于恰当地选用文种，从而提高公文质量。

以下是确认发文分送范围和印制份数的主要参考：

① 向上级机关的请示、报告，只送一个直接上级机关（逐级行文）。如需要同时主送几个平行的上级机关（例如，某一事项需由几个同级机关共同研究审定时），或可以越过其直接上级机关主送更高一级机关直至中央（例如，检

举、控告直接上级机关;多次请示直接上级机关,但长期得不到解决),或可以同时主送直接上级机关和更高的上级机关(但处于不同层次的上级机关在主送位置上不能平行书写,在其间应加上"并报"二字。例如,县人民政府主送省人民政府并报国务院)。

② 对某一个下级单位请示的批复,只报送该请示的下级单位;对下级单位联合请示的批复,有多少个联合行文请示的单位就分发多少个单位,若需批转下级公文,则可分送涉及的下级单位,从而确定印刷的份数。

③ 向某一个平级机关或不相隶属机关发出的要求协作、帮助或商量问题的函件或对对方来函的答复,只能主送这一个平级机关或不相隶属机关。如果需要让主办单位以外的有关单位协助办理的,除主办单位需要发文分送外,需根据协助办理的单位确认发文分送份数。

④ 根据不同情况,向下级发的通知,可主送一个或若干个下级单位(可逐级行文,也可多级行文、直贯到底行文),根据具体的对象确定份数。因特殊情况需要越级行文时,要给被越过的直接下级机关发文分送。

⑤ 受双重或多重领导的单位向上行文时,应根据内容,确定其中一个为主报机关,其余有领导关系的为报送机关,然后确定份数。上级机关向受双重领导的下级单位行文时,应当送该下级单位的另一个上级机关 1 份。

⑥ 向下级机关的重要行文,也应送直接上级机关 1 份。

⑦ 联合行文时,可以同时送各自的上级机关 1 份。

⑧ 草拟公文过程中的会签单位,每个单位给 1 份。

发文范围的确认,需要综合各方面的考虑。行文关系、行文制度、行文内容是公文发文分送范围确定的依据。要避免滥抄滥送,避免不必要的越级、多级和多头请示、报告等。

(3) 登载。

确定发文字号、分送范围和印制份数后,需要作详细登记,如表 4-3 所示。

表 4-3　　　　　　　　　　制文登记簿样式

序号	签发人	签发日期	公文名称	文号	份数	经办人	经办日期	备注

7. 印制

公文印制必须确保质量和时效。涉密公文应当在符合保密要求的场所印制。

(1) 把好印刷质量关。印刷中,质量是灵魂。为确保质量,以下几个方面需要得到关注。

① 印刷有据。机关、单位印刷公文,要按规定操作。一般来说,公文印刷较少者,宜在机关文印室打印;发文量较大者可送机关印刷厂或普通印刷厂保密车间印制。公文的印刷份数严格执行规定,少则影响使用,多则造成浪费甚至失密。

② 文字清晰。印出的公文正本,文字需清晰美观,令读者悦目。这就需要操作者调制好油墨,做到浓淡适度。文秘人员应当监印,初印几页油墨过重,当剔去不用;当发现文字渐淡时则相应调节。当需复印之时亦须注意碳粉的轻重适度。

③ 讲究排版。无论是打字件还是印刷件,都要注重版面设计,讲究排版艺术。总体要求得体、大方美观。具体来说,眉首部分、主体部分、版记部分,其印制形式、排列顺序、区域划分、相关距离及字体字号等均须按照规范操作。对于版面的设计,要求从实际出发灵活处理。例如,字数很少的函件,如果文字依次排列,便会头重脚轻;调度得体,可起匀称清爽之效。印刷时纸张要放正以保证印出的公文字不歪斜,版心两端的文字要印出,防止出现漏印或不清的问题,这虽然属于印刷问题,但是也应当注意。

④ 妥善装订。装订可称为缮印程序的最后一个工作环节。做好这一工作要使公文在外观形式上端庄严肃、整齐大方。对于印刷厂的公文装订,自有其业务要求,通常较为规范。问题主要来自打字件,特别是在种类多、篇幅多、要求急的状况下,往往出现纰漏。为确保装订质量,要求做到:第一,纸张整齐。使用规范的 A4 纸打印。第二,位置恰当。公文装订,通常使用订书机来装订,一钉在装订线上半部中间,另一钉在下半部中间,匀称而庄重。不可在装订线居中订一钉,更不可在左上角或文头上端钉一钉了事。第三,井然有序。基本要求是页码依次排列,务必做到页面"四不":不断档、不重码、不倒置、不错乱。

⑤ 原稿完好。凡涉及公文原稿的工作人员,包括打字员、制版人员,都要确立一种意识,在工作中保护原稿,还要做到"四不":不折裂、不损坏、不沾污、不丢失。

⑥ 验收把关。缮印工作全部结束,文印部门负责人则要对印毕公文检查验收,同印前复核恰好构成首开尾合的呼应关系。这一把关工作主要抓住三点:一是印数,看公文份数是否与规定相符;二是看公文的外观形式有何问题,是否清晰、整洁、美观;三是装订,看应避免的毛病是否已避免,质量是否符合要求。经查无误,方可将公文送交办公室用印。

(2) 时效保障。公文什么时候形成、什么时候签发、什么时候开始执行,都有时间要求。发早了,可能使某些机密泄露;发迟了,可能成了"马后炮",对实际工作不能产生指导作用。从公文组织与管理的角度来看,公文的印制是影响公文时效的主要环节。

印制对公文时效的影响,是从印制影响公文工作的时间进程及其合理程度中得到体现的。经领导签发的公文,印制环节的安排与质量,将影响公文后续的各个环节、各个阶段的传递、联系和配合。从排版、校对、印制到装订,要考虑工人和设备的切合,不仅包括必要办理时间,还包括一定的缓冲时间和机动时间。只有这样,在公文的组织环节才能较好地为保障公文的时效提供前提。

(3) 保守秘密。国家行政机关公文,大多数涉密。从总体上讲打字室、印刷厂的相关人员都要强化保密意识,具有高度保密观念,认真执行《中华人民共和国保密法》。在文印方面则要按照保密规定,采取具体措施。涉密公文应当在符合保密要求的场所印制。

8.核发

公文印制完毕,应当对公文的文字、格式和印刷质量进行检查后分发。

把好文字关是公文审核的一条底线,是公文质量的基本保证。把好文字关,就是要找出公文稿中存在的文字问题。作为公文审核人员,要发扬严谨、细致的工作作风,对公文稿字斟句酌、有疑必核,确保出手的公文稿经得起检验。

一是语言文字准确、规范。字词使用要规范、正确,杜绝错字、别字,也要检校文句是否多字、丢字。词语使用恰如其分、搭配正确、通俗易懂,不能随意简化、编造词语,避免使用生僻、难懂或易引起歧义的词语。

二是标点符号用法准确、规范。公文中标点符号使用失当,会增加理解的难度,甚至造成误解。要认真学习《标点符号用法》(GB/T 15834—2011)这一国家标准,按照国家标准规范使用标点符号,使每一个标点符号准确无误地为公文内容服务。

三是人名、地名、单位名、公文名、时间、数字、段落顺序、引文等准确、规范。人名要正确无误。地名一般要用全称,并根据情况注明所在省、市、县。

单位名可使用全称,也可以使用规范化简称。数字要准确,符合《出版物上数字用法的规定》(GB/T 15834—1995)这一国家标准,数字后面的量词搭配要妥当。段落顺序要确保不遗漏、不重复。引文内容要完整、准确。

9. 用印

用印是指在缮印好的公文落款处加盖发文机关印章的过程。印章是表示制发公文机关对公文、证件生效负责的凭证,公文一经用印,即可生效,是机关、单位对内外行使权力的标志。用印的质量,直接反映一个部门的形象和声誉。因此,用印是很严肃的事情,机关印章必须有专人保管,并应建立一定的用印制度。

用印后,要填写"用印登记簿"(表 4-4)。"用印登记簿"包括用印时间、用印单位、公文标题、件数、批准人、用印人、经手人等项目。

表 4-4　　　　　　　　　　　　**用印登记簿样式**

序号	用印时间	用印单位	公文标题	件数	批准人	用印人	经手人

(二) 发文流转阶段的管理

1. 发文登记

单位对发出的各类公文都要做一个登记,以便于查考利用,发文登记作用主要是为了便于对发文的统计和检查。登记的内容包括序号、发文日期、发文号、公文标题、附件、份数、密级、承办单位、发往机关、归卷情况、件号、备注等(表 4-5)。在进行发文登记时,要注意按发文登记的项目,认真、细致地逐项填写、逐项检查,以免出现差错。发文既有机关内的发文又有对外的发文,由于内外分发的不同,宜分别进行登记。

表 4-5　　　　　　　　　　　　**发文登记簿样式**

序号	发文日期	发文号	公文标题	附件	份数	密级	承办单位	发往机关	归卷情况	件号	备注

2.装封

装封是将已经盖印的公文,按照要求进行封装的过程。装封的主要任务就是把印制好的公文,通过一定的程序,按照应发户头进行清点,写好封面,装进信封,并进行封口。具体包括以下步骤。

(1)清点。文书人员根据发文登记簿上登记的各收文单位应收公文份数,进行公文分点,并在每份公文上附回签单据。回签单据即收文机关收到公文后,向发文机关回告收到公文情况的凭证。一般是在发文的同时发出一份回签单据,以便收文机关收到公文后及时回告情况。回签单据有以下几种。

① 内回执,即送文回执单,其项目包括回执号、发文号、公文标题、公文份数、收文机关、收文时间、收件人、备注等(表 4-6)。内回执写好后装入信封或发文袋中,与公文一同发出。

表 4-6 　　　　　　　　**送文回执单样式**

回执号	发文号	公文标题	公文份数	收文机关	收文时间	收件人	备注

② 发文通知单(表 4-7),其项目主要有发文号、公文标题、发往单位、发出日期、份数、备注等。发文时,将发文通知单填好,装入信封或封套中与公文一同发出。收文机关收到公文后,将收文与通知单进行核对,如果正确,则无须将通知单返回;如有不符,及时向发文机关询问。

表 4-7 　　　　　　　　**发文通知单样式**

发文号	公文标题	发往单位	发出日期	份数	备注

③ 外回执,是将回执单贴在信封或封套外面,收件人收到公文后,将其撕下、填好,交送件人带回。其项目主要有信封号、收件者、收件日期等,一般用于同市的发文。

④ 签收簿,有两种类型,一种是专用签收簿,项目同内回执。另一种是通

用签收簿,相当于外回执。签收簿由发文人填好后,与公文一起送到收文机关签收,签收后,由送件人当即带回。

(2)写封。在装寄公文的信封或封套上,工整、清晰地写明收文机关的地址、名称及发文机关的名称,收文机关的名称要写全称或规范化简称。为了节省书写时间和避免差错,对于经常发文的单位,可以事先印制有收文机关地址、名称、邮编的封皮或标签以备用。

(3)装封。将公文与回签单据分别装入收文机关的信封或封套内。

(4)封口。把装好公文的信封或封套封起来,对发出的带有密级的公文,还要进行密封。封口时方法主要有:粘封,用糨糊或胶水封口;缝封,用线缝合;轧封,用装订机轧上;捆轧,用绳子捆扎。密封的方法主要有:印封,把刻有密级的印章盖在封口上;纸封,贴在封口上;铅封,用铅加封。

凡是带有密级或紧急程度的公文,封口后都要加盖其密级或时限要求的戳记,如"特急""绝密"等。公文装封后,便进入传递环节。

3.传递

传递是将封好的公文,通过一定形式传送给收文机关的过程。公文装封后要及时传出去,根据发送要求,传递方式主要有以下几种。

(1)行文邮局传递。通过邮局传递一般的公文。

(2)机要通信传递。通过专门负责机要公文传递的邮递系统传递保密公文。

(3)机要交通传递。高层领导机关通过自己的机要交通人员传递机要公文。

(4)电信传递。通过电报、电传、传真、计算机网络传送等形式传递公文。

(5)公文交换。通过城市中的公文交换站直接传递和收取公文。

《党政机关公文处理工作条例》第二十六条规定:涉密公文应当通过机要交通、邮政机要通信、城市机要公文交换站或者收发件机关机要收发人员进行传递,通过密码电报或者符合国家保密规定的计算机信息系统进行传输。

不管采用哪种传递方式,都要求迅速及时、安全保密,特别是带有密级的公文一定要通过机要交通或机要通信传递,或密电传输,或计算机网络加密传输,不得密电明传、明电密电混用。公文传递时,要履行签收手续。

4.注发

注发是对公文制发情况予以简要注明的过程,即由文书人员于公文发出后,在"发文稿纸"或"发文审批单"的"注发"一栏内填写公文发出情况,以方便查考。注发一般注明承办单位、经手人、发出日期、发文号等。如果发文是收文的复文,要在"收文登记簿"和"公文处理单"的"处理结果"一栏内加以注明。

注发是发文处理程序中不可缺少的环节。注发工作结束,整个发文处理程序即告完结。文书人员应将发出公文的定稿、存本及时归卷,以利于日常查考利用和整理归档。

5. 立卷

立卷是发文的最后一个环节,把发文过程中形式的文本建立相应的案卷并移交档案管理部门。

公文分发完毕后,发文办理工作并未结束,后期还有销毁、立卷归档等工作程序。《党政机关公文处理工作条例》第二十七条规定:需要归档的公文及有关材料,应当根据有关档案法律法规以及机关档案管理规定,及时收集齐全、整理归档。两个以上机关联合办理的公文,原件由主办机关归档,相关机关保存复制件。机关负责人兼任其他机关职务的,在履行所兼职务过程中形成的公文,由其兼职机关归档。

公文管理部门在对公文进行立卷时,不但要照顾公文的保存价值,考虑公文之间内在的历史联系,而且要与科学的档案分类体系相一致,使成立的案卷既便于保管又便于查找利用。档案部门要从业务上指导公文管理部门的立卷归档工作,并参与公文的收集、鉴定工作,努力做到"真档案不遗漏、假档案不归档",从而有效地控制归档公文的数量和质量。

随着网络办公的普及,组织机构、单位部门推行无纸化办公,实现电子办公的脚步明显加快。无纸化办公是相对于传统意义上的纸质公文而言的,其发文、传送和接收是在高度自由的网络环境中进行,公文组织与管理工作的界面已经发生了巨大变化。公文组织与管理工作本身就是一个纵向、横向交错的综合结构系统,从纵向看,公文系统被多级组织共同使用;从横向看,公文系统被同级的多个职能部门共同使用。不同组织级别的公文系统具有不同特点,不同组织级别的公文处理流程有较大的差异,受到多方面因素的影响而复杂多样。在电子时代无纸化办公环境下,不同软件公司开发的 OA 系统更增加了公文组织与管理工作程式的多样性。但又有着共性的一面,那就是在公文流转的各个环节设置了相应的权限,譬如电子签名、电子签章或电子指纹,相关人员经确认后方可具体地接触与处理公文。公文的组织与管理更具有专项性,有专人进行。

在电子环境无纸化办公的背景下,公文组织与管理的环节无论变革或简化,其过程中需要得到有效的控制的本质都没有因无纸化办公而变化。负责公文组织与管理的文秘人员要及时根据公文的流程对公文进行有效的控制,根据单位部门、组织机构领导在系统流程上的批办意见、签署承办意见,根据公文具体承办部门的办理情况,把办理完毕后的电子公文,综合其保存价值组建基本"件"或电子案卷,以便及时归档保存。

协同办公已是当今发展的又一个现实,升级早期的 OA 系统或采购新的OA 系统是多数组织机构、单位部门正在进行的。为了更好地做好公文组织与管理工作,一方面要求更新后的 OA 系统中的公文管理模块与档案管理模块必须具备自动的连接与转换的功能,实现文档一体化;另一方面要不断强大OA 系统,把各级管理系统融合为一体,不断充实、完善各子模块功能,使其在系统单位各层面通用,为实现对公文的更有效管理奠定基础。

三、案例

1. 案例一

(1)案例:某市政府文秘部门在接收公文办理工作中出现如下现象。当该市政府收到各级来文后,按照程序送分管领导阅示后暂存于专用的公文柜中,待方便之时与类似公文一并登记、整理、立卷归档。当问及原因,回答是"手头要事太多,等有宽余的时间再作处理"。殊不知,由于忙碌,这样的"暂存"一搁就变成了多年甚至无期,待查询利用之时已不知所踪,导致贻误工作。

(2)评析:加强公文管理,规范化、制度化、科学化管理公文十分重要。

收文登记便于掌握公文收进和阅办情况,可以使公文管理有条不紊,防止公文的积压和丢失;有利于管理和保护公文,便于对公文进行查找、检查、统计和催办;可以有效地控制公文的运转,更好地发挥公文的作用。

立卷,即平时立卷归档,是将平时处理完毕的公文清退回来,按照要求放在贴有类别名称的公文装具中的过程。收文立卷是收文处理的最后一道程序,是把平时处理完的收文及时清退到公文管理部门,以便做好归档工作。

本案例中对收文由于缺乏及时登记、立卷归档工作,对收文"心中无数",即使专柜管理,也难免会出现"不知所踪,导致贻误工作"的现象。

2. 案例二

(1)案例:某单位将公文直接送给分管领导,分管领导又签转给其他五六个领导。根据"哪里来哪里去"的原则,领导的秘书将该文退给该单位,该单位只好一个接一个往下送。本想提高办事效率,结果事与愿违。

（2）评析：公文的办理，要有严格的流程。

本案例中问题的根源在于没有按程序管理公文，如果该公文直接报送办公厅（室），由办公厅（室）按照规范程序处理，将结果回复该单位，问题才有可能最大限度地得到避免。

第二节 非现行公文的管理

与现行公文相对应，非现行公文指的是公文作为社会实践活动工具发挥的直接、特定功能已结束，与"现行"范畴的区别在于它们所代表的时空和针对的社会实践活动不同。在作用上二者也有着明显的区别，现行公文的作用是公文内容针对的活动正在进行之中，非现行公文的内容所针对的活动已经结束。但在公文管理的视野下，对非现行公文的理解有着更丰富的内涵。

在公文管理的视野下，它包括了两个层次，一是与大众中非现行公文含义相同的层次，即非现行公文指作为社会实践活动工具发挥的直接、特定功能业结束的公文，公文内容所针对的活动已经结束。二是"办理完毕的公文"。从管理的环节来说，公文的收文管理、发文管理已经办理完毕，公文内容所涉及的对象可以是仍然处于活动中的。如政策法规性公文，收文单位的收文管理工作已经办理完毕，即属于办理完毕公文的范围。

公文是有生命的，而公文生命的每一环节之间是密切关联的，公文的整体运动过程，是一个连续体的过程。当公文现行使命结束后，便进入公文的后处理阶段，即公文的整理归档阶段。归档，亦叫存档、立卷，指将办理完毕且具有保存价值的公文，按照科学的方法加以整理，经系统整理后，根据规定的时间移交档案室（馆）保存备案（备查）的过程。

一、归档管理的主体

根据 1955 年《中国共产党中央和省（市）级机关文书处理工作和档案工作暂行条例》、1956 年国务院《关于加强国家档案工作的决定》，公文管理实行文书部门立卷制度。

（1）文书处理部门熟悉文书形成和运转过程，因而由文书部门立卷便于提高案卷质量和立卷工作效率。

机关公文的形成、运转、处理都是在文书处理部门进行的，文书部门最熟悉本部门的业务和公文的运转情况，也最了解公文的来龙去脉和每份公文在实际工作活动中的效用及其间的相互联系。例如,机关工作中形成了哪些公文;哪份是修改稿,哪份是最后定稿;发文与收文之间的联系;公文重要的程度,公文形成的背景,公文附件的构成;事后查考的频率,等等。由于公文经由文书部门所办理,文书部门最熟悉公文之间的联系和公文的保存价值,因此由文书部门立卷,既省时省力,又利于提高案卷的质量和立卷工作效率。反之,如果文书处理部门在公文办理完结之后随时将零散公文送到档案室,由于档案人员不了解机关公文的形成与处理过程,不了解其间的联系,由档案部门承担立卷工作,既费时也难以保证公文案卷的完整性和案卷的质量。

(2)由文书部门随时集中立卷,可以防止公文散失,有利于保证公文的齐全完整和保护机密。

公文承办完毕就在文书部门随时归卷,可以使公文的保存始终有条不紊,避免公文在承办人手中积存过多、过久,导致查找困难甚至散失。如果在档案室立卷,由于档案室不熟悉公文处理工作,不容易掌握与控制公文,特别是不了解未通过发文登记的"例外"公文,如外出开会、办事带回来的公文等。在档案室立卷,还会造成承办人怕麻烦,往往为了个人工作方便,把一些重要公文长期留在手头的情况发生。这样势必影响档案公文的齐全,拆散了公文之间的联系,使案卷质量不高,以至于不得不在日后补充收集、拆卷重新整理,或者使一些重要公文散失而归档不全,甚至造成机密公文失密、泄密。

(3)文书处理部门立卷管理当年公文,方便公文工作人员随时查阅。

在机关工作中刚刚处理完毕的公文,不少仍处于贯彻执行阶段,往往要经常查阅利用。如果把这些单份公文办完即归档,公文工作人员势必要频繁地到档案室去查考调阅公文,给文书处理部门工作的开展带来不便。而且档案室忙于零散公文的接收和出借,加之对公文情况不熟悉,各个部门的公文都集中到档案室,公文数量又比较多,往往难以及时归卷,以至于工作大量积压下来。这样查找公文就会发生困难,影响机关的工作效率。

(4)由文书部门按年度集中归档,有利于机关档案室工作的开展。

实行文书部门立卷,按年度向档案室归档,不仅方便处理公文工作,还可以使档案室摆脱整天忙于应付单份公文的接收、登记、立卷、调卷工作,腾出手来,集中时间和精力,做好文书档案的系统收集、整理、鉴定、利用、统计等各项工作,做好档案室基本建设、长远规划、业务指导等方面的工作,保证各项档案工作的顺利开展,提高档案管理水平,更好地为机关各项工作服务。

(5)有利于保持公文之间的历史联系,便于查找利用。单位工作都是按照年度计划,围绕着各单位职能次序发展、交错进行的,公文材料又是随着机关工作职能的实际需要产生的。为了向上级机关请示、汇报工作,需要形成请示、报告、总结等公文材料;为了指导下级工作,需要发出决定、通知等公文材料;为了与有关单位联系工作、洽商问题,单位之间也要形成一些来往文书等材料。同时产生的每份公文都是独立的,每份公文都有自己的特定使命和作用。所以,不仅需要将具有查考价值的公文材料齐全完整地保存下来,而且需要按照公文材料之间的历史联系,进行整理、立卷,这样才能继续发挥处理公文材料的作用,真实、清楚地反映单位活动情况,为日后档案利用工作的开展提供了基础。

文书工作与档案工作部门合作,科学组织、合理分工,由档案部门指导,文书部门负责立卷,能极大地提高立卷工作质量和效率,也为归档后的利用奠定了相应的基础。

在电子公文的时代,电子信息技术在文书整理归档中的运用,OA系统实现了文档管理的一体化,简化了以往公文管理过程中文书人员人工归档的大量的工作步骤,方便了文书的归档工作,提高了文书归档的效率,但不能因此而改变文书部门在立卷工作中责任主体的地位。

二、公文的整理归档

(一)以"卷"为单位的公文整理

1.文书立卷的概念

以"卷"为单位的公文整理即文书立卷,是指文书部门将办理完毕的、具有查考和保存价值的公文材料,按照它们在形成过程中的联系和规律,组成案卷的过程。

案卷,是文书立卷的结果,是有关某一问题或某项工作活动系统的、有密切联系的公文组合体,是文书档案的基本保管单位。

文书立卷,是公文运转处理流程中的一个程序,也是管理的重要构成部分之一。公文经过立卷,向档案部门归档,年度性的文书工作便告完结,公文也就转化成档案,由档案部门管理。

文书立卷归档包括立卷、归档两个阶段。立卷阶段由编制立卷类目、分类、排列、编号、填写卷内目录(表4-8)和备考表、填写卷皮、装订等环节组成,归档阶段由编写案卷目录、编写立卷说明、移交归档、销毁等环节组成。

表 4-8 卷内公文目录样式

案卷名： 档号：

序号	公文编号	责任者	公文材料题名	日期	页次	备注
1						
2						

2. 文书立卷的原则与范围

（1）文书立卷的原则。

文书立卷的原则，是文书立卷工作应当遵循的基本准则，也是保证立卷质量，使文书立卷科学化、规范化的重要法则。《党政机关公文处理工作条例》中规定：公文办理完毕后，应当根据《中华人民共和国档案法》和其他有关规定，及时整理（立卷）、归档。归档范围内的公文，应当根据其相互联系、特征和保存价值等整理（立卷），要保证归档公文齐全、完整，能正确反映机关的主要工作情况，便于保管和利用。联合办理的公文，原件由主办机关整理（立卷）、归档，其他机关保存复制件或其他形式的公文副本。机关负责人兼任其他机关职务，在履行所兼职务职责过程中形成的公文，由其兼职机关整理（立卷）、归档。归档范围内的公文应当确定保管期限，按照有关规定定期向档案部门移交。《党政机关公文处理工作条例》中也规定：公文办理完毕后，秘书部门应当按照有关规定将公文的定稿、正本和有关材料收集齐全，进行立卷归档。个人不得保存应当归档的公文。两个以上机关联合办理的公文，原件由主办机关立卷归档，相关机关保存复制件。机关领导人兼任其他机关职务的，在履行其所兼职务过程中形成的公文，由其兼职的机关立卷归档。根据上述规定，文书立卷具体应遵循以下原则：

① 按照公文形成的自然规律。公文形成的规律是由机关工作活动的规律决定的。尽管各类机关的职责、业务范围有所不同，但它们的活动都是有规律的，而公文是机关工作活动的历史记录和具体反映，机关工作活动的规律直接决定了公文形成的自然规律，公文就是在这个规律中自然地产生的。因此，立卷时必须按照公文形成的自然规律，反映出机关工作活动的历史面貌，也使查找调阅公文有规可循。

② 保持公文之间的历史联系。机关在工作活动中，同自己的领导机关、下属机关及其他许多机关有联系，反映出每项工作所形成的公文之间并非彼此孤立、互不相干，而是有联系的。这种联系是多方面的，有来源联系、时间联

系、内容联系、形式联系等。无论是机关工作活动之间的联系，还是反映在所形成的公文之间的联系，都是客观、历史地形成的。工作活动中的联系决定了公文的联系，公文之间的联系也反映出工作活动中的联系。在立卷中，保持公文之间的联系，就能反映出机关工作活动的历史面貌。

③ 照顾公文的保存价值。公文的保存价值是由其所反映机关工作活动面貌的作用和今后查考利用价值的大小决定的。不同公文具有不同的保存价值，其保管期限也不同。因此，在文书立卷时，要考虑公文的保存价值，把保存价值相同的公文尽量组成一个案卷。

④ 便于保管和利用。文书立卷的目的在于能够很好地保管公文，以备事后方便而有效地利用公文。所以，在文书立卷时，就应该按照便于公文的保管、利用的原则进行，杜绝为"立卷而立卷，为整理而整理"的错误做法。

在文书立卷的原则中，按照公文形成的自然规律，保持公文之间的历史联系，照顾公文的保存价值是立卷工作的指导思想；"便于保管和利用"是立卷工作的根本目的。

（2）文书立卷归档的范围。

文书立卷是将已经办理完毕的、有一定查考保存价值的公文材料，按照它们在形成过程中的联系和规律组成案卷。因此，不是所有公文都要立卷归档，立卷归档的范围应以 2006 年 12 月 8 日国家档案局 8 号令公布的《机关公文材料归档范围和文书档案保管期限规定》（简称"8 号令"）的基本思想为指导，从机关形成档案的实际情况出发，保证那些办理完毕的、有查考利用价值的公文能够完整地保存，从而为档案的整理、鉴定、保管、利用等工作打下基础。

机关公文材料归档范围为：反映机关主要职能活动和基本历史面貌的，对机关工作、国家建设和历史研究具有利用价值的公文材料；机关工作活动中形成的，在维护国家、集体和公民权益等方面具有凭证价值的公文材料；机关需要贯彻执行的上级机关、同级机关的公文材料；下级机关报送的重要公文材料；其他对本机关工作具有查考价值的公文材料。

不需要归档的公文材料如下：

① 上级机关的公文材料中，普发性、不需本机关办理的公文材料，任免、奖励非本机关工作人员的公文材料，供工作参考的抄件，本机关公文材料中的重份公文，无查考、利用价值的事务性、临时性公文，一般性公文的历次修改稿、各次校对稿，无特殊保存价值的信封，不需办理的一般性人民来信、电话记录，机关内部互相抄送的公文材料，本机关负责人兼任外单位职务形成的与本

机关无关的公文材料,有关工作参考的公文材料。

② 同级机关的公文材料中,不需贯彻执行的公文材料,不需办理的公文材料。

③ 下级机关的公文材料中,供参阅的简报、情况反映,抄报或越级抄报的公文材料。

(二) 以"件"为单位的公文整理

"件"是有密切关系的公文组合。公文材料整理要经过以下七个环节。

1.公文整理单位的确定

确定"件"为归档公文的整理单位。一般以每份公文为一件。公文正本与定稿为一件,但定稿过厚不易装订的,也可单独作为一件;如果附件数量过多或者太厚不易装订的,也可各为一件;原件与复制件为一件;转发文与被转发文为一件;报表、名册、图等一册(本)为一件;来文与复文可为一件,也可以分别各为一件;跨年度可各为一件;公文处理单、拟办单、抄告单、发文稿头纸,有领导批示的签批条等应与公文作为一件;会议记录一次作为一件。

具体的操作中体现为:正本—定稿(签发稿)、正文—附件、来文—复文(请示与批复、报告与批示)、转发件—被转发件、原件—复制件 、报表、名册、图册等一册为一件(注意:"一件"就是实体装订在一起,编目时视为一个条目)。

2.公文装订

公文装订前首先必须对它们进行排序。按正本在前,定稿在后;正文在前,附件在后;原件在前,复制件在后;转发文在前,被转发文在后;复文在前,来文在后(即批复、批示在前,请求、报告在后等);汉字文本在前,少数民族文字文本在后;不同文字的文本,中文本在前,外文本在后。有公文处理单的,可将其放在最前面。

装订前应将"件"内的各页按一定方式对齐,便于翻阅利用。一般来说,采用左上角装订的,应将左、上侧对齐;采用左侧装订的,应将左、下侧对齐。

装订方式:一是线装。线装无疑是最好的选择。现有的常见做法是使用缝纫机在公文左上角或左侧轧边。二是包角式。这是一种比较方便的做法,在公文左上角用不干胶包贴。三是黏结。采用糨糊及胶水粘贴的方法。四是使用变形材料装订。如采用不锈钢夹、燕尾夹、不锈钢订书钉进行装订。五是短期中可采用普通订书钉装订(保持收发文原样)。但进馆公文不能采用不锈钢夹、燕尾夹、订书钉等金属制品装订。否则当进馆使用微波设备消毒时可能引起火灾。

3. 公文分类

① 年度分类法。就是根据形成和处理公文的年度对归档公文进行分类。② 机构分类法。就是根据公文处理阶段形成和处理公文的承办单位对归档公文分类（按科室内分类）。③ 问题分类法。就是按照公文内容所说明的问题对归档公文进行分类。④ 保管期限分类法。就是根据划定的不同保管期限对归档公文进行分类。

在机关公文分类整理的实际工作中,当需要整理的公文数量较多时,分类工作需要分层进行,单纯采用一种分类方法的情况是比较少见的,较多的是将几种分类方法结合使用,称之为复式分类法。具体有以下八种复式分类法:① 年度-保管期限分类法;② 保管期限-年度分类法;③ 年度-机构-保管期限分类法;④ 保管期限-年度-机构分类法;⑤ 机构-年度-保管期限分类法;⑥ 年度-问题-保管期限分类法;⑦ 保管期限-年度-问题分类法;⑧ 问题-年度-保管期限分类法。其中,年度-保管期限分类法适用于内部机构设置简单的基层单位或小机关,或者每年形成公文数量较少的单位。

4. 公文排列

归档公文的排列方法在分类方案的最低一级类目内,按事由结合时间、重要程度等排列。会议公文、统计报表等成套性公文可集中排列。最低一级类目是指分类时所确定的类目体系中设在最低一级的类目,例如按照"年度-保管期限"分类。"保管期限"即为最低一级类目,这就是说把保管期限内确定永久保管的同一事由公文排列在一起。排列的实际操作体现为两步,即先按照事由原则,将属于同一事由的公文按一定顺序排列在一起,再采用一定的方法对不同事由的公文进行排列。

同一事由内归档公文的排列,最简单的方法是按公文形成时间的先后顺序,日期在前的公文排列在前,日期在后的公文排列在后。

不同事由归档公文的排列可以有多种方法。一是按不同事由形成时间的先后顺序排列;二是按事由的重要程度排列;三是按事由具有的共同属性分别集中排列(科室)。

5. 公文编号

如果不是采用包角式的装订,应在公文编号前加盖归档章。归档章一般应加盖在归档公文首页上端居中的空白位置或其他空白位置,但以上端为宜。如果机关发文有公文签发单的,或收文有公文处理单的,也可将其放在最前面作为首页,这样可在其上加盖归档章,以更好地保护公文正本的原始面貌。

(1)编件号。件号即公文的排列顺序号,它是反映归档公文在全宗中的位置和固定归档公文先后顺序的重要标识。件号分为室编件号和馆编件号两种。归档公文在分类、排列后,其位置得到确定,此时编制的顺序号称为室编件号;移交进馆时,由于再鉴定、整理,归档公文在全宗中的位置将发生变化,此时按照新的顺序重新编制的件号,称为馆编件号。

① 室编件号应在分类方案的最低一级类目内,按公文排列顺序从"1"开始标注。以采用"年度-保管期限"进行分类为例,室编件号应在同一年度内的一个保管期限内从"1"开始逐件编流水号。如,档案局 2003 年形成的永久、长期、短期 3 个保管期限的归档公文,编号后形成 3 个流水号。

② 馆编件号此处略。

(2)编号项目。

① 必备项目。必备项目包括全宗号、年度、保管期限和件号。有些新组建单位或未列入档案馆接收计划的单位,可将全宗号空置。年度应采用公元纪年,以 4 位阿拉伯数字表示。

② 选择项目。机构(问题)项为选择项。选择机构(问题)进行分类时必须相应编制机构(问题)项。

6.公文编目

归档公文目录包括件号、责任者、文号、题名、日期、页数和备注等项目。机关(单位)在整理归档时应填写室编件号。填写责任者项时一般应使用全称或通用简称,注意不能使用"本部""本局""本公司"等含义不明、难以判断的简称。文号即发文的字号,填写文号项时应照实抄录。题名应照实抄录。公文没有题名或题名含义不清,不能揭示或不能全面揭示公文内容时,应根据公文内容重新拟写或补充标题,并在新拟或补充标题之外加"〔 〕"号填写在目录中。具体日期的填写应以 8 位阿拉伯数字标注;页数项填写一件公文的总页数,有图文的页面为一页,空白页不计。

7.公文装盒

归档公文应严格按照件号的先后顺序装入档案盒。盒内文件目录见表 4-9。装盒时,应按照分类方法的不同,将不同类别的归档公文按件号装入不同的档案盒中。装盒的具体要求:① 不同年度形成的归档公文不应放入同一档案盒;② 不同保管期限的归档公文不应放入同一档案盒;③ 不同机构(问题)形成的归档公文不应放入同一档案盒。

　　档案盒的封面应使用全称或规范化简称标明全宗名称,全宗名称填写在封面双横线的上方。

　　备考表按所列内容逐项进行填写,以示对整理质量的负责。

表 4-9　　　　　　　　　　　　　**盒内公文目录样式**

序号	责任者	文号	公文材料题名	日期	备注

(三) 公文的归档

　　公文经过整理之后,需向档案部门移交归档,公文管理程序便进入了归档阶段。归档即指文书部门将经系统整理的公文(卷或件),移交到机关档案机构保存的过程。在机关,档案室是积累、保管机关形成的档案,并为机关工作提供档案利用的专门机构。公文整理后,文书人员便开始编制移交目录,编写公文整理情况说明,这样文书部门的整理工作便告结束,就要与档案部门商定归档事宜,以便按照归档制度及时办理档案移交手续。

　　归档制度内容包括归档范围、归档时间和归档要求。

　　1.归档范围

　　归档范围就是指在一个机关产生的所有公文材料中需要归档的部分。国家档案局颁发的《机关公文材料归档和不归档的范围》规定:凡是反映本机关工作活动,具有查考利用价值的公文材料均属归档范围。包括工作活动中形成的公文、图表、录音、录像等各种形式和各种载体的公文。

　　一个机关的公文材料,具体地说,有以下几个方面。

　　一是上级机关的公文。主要是指上级机关发来的需要贯彻执行的各种公文。如上级机关领导针对本机关的讲话、指示;上级机关转发本机关的公文;代上级机关起草并被采用的公文的最后草稿和印本等。

　　二是本机关形成的公文。这是归档范围的重点,它包括本机关各类会议公文材料;本机关颁发的各种正式公文签发稿、印刷稿;机关内部组织机构在工作活动中形成的重要公文材料;反映机关历史沿革、组织原则、人员编制等基本历史面貌的公文材料。

　　三是同级机关和非隶属机关的公文。主要是指非本机关业务,但是需要执行的法规性公文;有关业务机关检查本机关工作所形成的公文,以及与这些机关相互联系、协商工作形成的重要来往文书。

四是下级机关的公文。指下级机关报送的工作计划、总结、统计材料等;直属机关报送的重要的科技公文材料;下级机关报送的法规性备案公文材料,等等。

五是机关外出参会人员带回来的、与机关有关联的公文。

2.归档时间

办理完毕的公文,不是随时办理完毕,就随时归档,也不是时隔数年,公文积压成堆之后再归档。以一年为界限,一年归档一次,年年归档,公文年年清理完毕,档案年年不断形成,这样比较符合公文形成的规律。归档制度规定了公文归档时间是在公文形成后的第二年,次年的 6 月底要把上一年度的公文归档完毕。

3.归档的质量要求

归档质量总的要求:遵循公文材料的形成规律和特点,保持公文材料之间的内在有机联系,区分不同利用价值,以利于保管和使用。

首先,归档公文材料要完整、齐全。完整就是要使归档公文的联系得到有效的保持。以卷为单位的归档,要求卷不缺份,份不缺页。以件为基本归档单位的公文,件不缺份,份内不缺页。公文要完整,档案不遗漏、不残缺。齐全就是要做到归档的部门齐全,档案门类齐全。

其次,归档公文材料要系统并有条理。对于准备归档的公文材料,要分类进行组卷,尽量保持它们的内在联系,按照它们不同的保存价值,确立保管年限,进行合理立卷,使归档公文分类科学、系统,能较好地反映出该机关的工作活动面貌。

在归档时,要注意将公文的正件与附件、印件与定稿、请示与批复、公文与电报等统一结合,不得分散。跨年度的公文,要选择有针对性地归档。在进行公文排序时,必须科学、合理地安排公文的排列顺序,一般按时间先后排列,但对于同一事物的同一公文,应按统一规定进行。

再次,要求归档公文编写页号,填写卷内公文目录,装订成卷。页号是指公文有文字的每一页上编制的顺序号,页号写在公文每页正面的右上角和背面的左上角。

最后,进行归档公文的物理处理。装订案卷时,要去掉公文的金属物,如订书钉等,对破损公文要裱糊。装订采用三孔一线的方法,装订在公文的左侧。

　　案卷装订后,要按归档排列先后次序,编制归档公文移交目录(表 4-10)并一式数份,由移交部门和档案部门签字后,作为公文已归档的凭证。

表 4-10　　　　　　　　　　　**归档公文移交目录样式**

序号	类别 (卷、件)	名称	归档 日期	保管 期限	数量	移交人	接交人	备注

三、案　例

　　(1)案例:某大学召开第三届教师代表大会,在整理会议公文时,工作人员将此次会议公文形成的若干公文作为会议决议的附件来处理,集中装订成为一"件",以保持同一事由公文的联系性。在档案工作检查时该方式被认定为不符合规范,需要进行重新整理。

　　(2)评析:《归档公文整理规则》(以下简称《规则》)中规定以"件"作为归档公文的整理单位,《规则》中指出,装订以"件"为单位进行,只编以"件"为单位的归档公文目录。《规则》具体规定"一般以每份公文为一件,公文正本与定稿为一件,正文与附件为一件,原件与复制件为一件,转发文与被转发文为一件,报表、名册、图册等一册(本)为一件,来文与复文可为一件"。由此可知归档公文整理单位的"件",并不限于纯粹的单份公文,还包括一组互有联系的多份公文。它是可以拿出来作为凭证和依据使用的最小档案数。同时,"一件"档案由一份或者多份公文组成,一份公文又是由一页页公文组成的,但"一件"档案却不能分割成一页页公文,因为"一页"公文不能作为凭证和依据作用,所以,"件"具有不可分割的特性,是最小、最基本的单位。

　　该大学教师代表大会的议题并不仅仅只有一个,围绕不同议题所形成的公文,是不同的相对独立体,应各自单独成件。大学教师代表大会各议题所形成的公文表面是围绕着学校工作的共同事由,但由于议题不是唯一的,针对不同议题所形成的公文具有可以分割的特性。因此,在档案工作检查时被认定为不符合规范的,需要进行重新整理。

附录一　党政机关公文处理工作条例

第一章　总则

第一条　为了适应中国共产党机关和国家行政机关（以下简称党政机关）工作需要，推进党政机关公文处理工作科学化、制度化、规范化，制定本条例。

第二条　本条例适用于各级党政机关公文处理工作。

第三条　党政机关公文是党政机关实施领导、履行职能、处理公务的，具有特定效力和规范体式的文书，是传达贯彻党和国家方针政策，公布法规和规章，指导、布置和商洽工作，请示和答复问题，报告、通报和交流情况等的重要工具。

第四条　公文处理工作是指公文拟制、办理、管理等一系列相互关联、衔接有序的工作。

第五条　公文处理工作应当坚持实事求是、准确规范、精简高效、安全保密的原则。

第六条　各级党政机关应当高度重视公文处理工作，加强组织领导，强化队伍建设，设立文秘部门或者由专人负责公文处理工作。

第七条　各级党政机关办公厅（室）主管本机关的公文处理工作，并对下级机关的公文处理工作进行业务指导和督促检查。

第二章　公文种类

第八条　公文种类主要有：

（一）决议。适用于会议讨论通过的重大决策事项。

（二）决定。适用于对重要事项作出决策和部署、奖惩有关单位和人员、变更或者撤销下级机关不适当的决定事项。

（三）命令（令）。适用于公布行政法规和规章、宣布施行重大强制性措施、批准授予和晋升衔级、嘉奖有关单位和人员。

（四）公报。适用于公布重要决定或者重大事项。

（五）公告。适用于向国内外宣布重要事项或者法定事项。

（六）通告。适用于在一定范围内公布应当遵守或者周知的事项。

（七）意见。适用于对重要问题提出见解和处理办法。

（八）通知。适用于发布、传达要求下级机关执行和有关单位周知或者执行的事项，批转、转发公文。

（九）通报。适用于表彰先进、批评错误、传达重要精神和告知重要情况。

（十）报告。适用于向上级机关汇报工作、反映情况，回复上级机关的询问。

（十一）请示。适用于向上级机关请求指示、批准。

（十二）批复。适用于答复下级机关请示事项。

（十三）议案。适用于各级人民政府按照法律程序向同级人民代表大会或者人民代表大会常务委员会提请审议事项。

（十四）函。适用于不相隶属机关之间商洽工作、询问和答复问题、请求批准和答复审批事项。

（十五）纪要。适用于记载会议主要情况和议定事项。

第三章　公文格式

第九条　公文一般由份号、密级和保密期限、紧急程度、发文机关标志、发文字号、签发人、标题、主送机关、正文、附件说明、发文机关署名、成文日期、印章、附注、附件、抄送机关、印发机关和印发日期、页码等组成。

（一）份号。公文印制份数的顺序号。涉密公文应当标注份号。

（二）密级和保密期限。公文的秘密等级和保密的期限。

涉密公文应当根据涉密程度分别标注"绝密""机密""秘密"和保密期限。

（三）紧急程度。公文送达和办理的时限要求。根据紧急程度，紧急公文应当分别标注"特急""加急"，电报应当分别标注"特提""特急""加急""平急"。

（四）发文机关标志。由发文机关全称或者规范化简称加"公文"二字组成，也可以使用发文机关全称或者规范化简称。联合行文时，发文机关标志可以并用联合发文机关名称，也可以单独用主办机关名称。

（五）发文字号。由发文机关代字、年份、发文顺序号组成。联合行文时，使用主办机关的发文字号。

（六）签发人。上行文应当标注签发人姓名。

（七）标题。由发文机关名称、事由和文种组成。

（八）主送机关。公文的主要受理机关，应当使用机关全称、规范化简称或者同类型机关统称。

（九）正文。公文的主体，用来表述公文的内容。

（十）附件说明。公文附件的顺序号和名称。

（十一）发文机关署名。署发文机关全称或者规范化简称。

（十二）成文日期。署会议通过或者发文机关负责人签发的日期。联合行文时，署最后签发机关负责人签发的日期。

（十三）印章。公文中有发文机关署名的，应当加盖发文机关印章，并与署名机关相符。有特定发文机关标志的普发性公文和电报可以不加盖印章。

（十四）附注。公文印发传达范围等需要说明的事项。

（十五）附件。公文正文的说明、补充或者参考资料。

（十六）抄送机关。除主送机关外需要执行或者知晓公文内容的其他机关，应当使用机关全称、规范化简称或者同类型机关统称。

（十七）印发机关和印发日期。公文的送印机关和送印日期。

（十八）页码。公文页数顺序号。

第十条 公文的版式按照《党政机关公文格式》国家标准执行。

第十一条 公文使用的汉字、数字、外文字符、计量单位和标点符号等，按照有关国家标准和规定执行。民族自治地方的公文，可以并用汉字和当地通用的少数民族文字。

第十二条 公文用纸幅面采用国际标准 A4 型。特殊形式的公文用纸幅面，根据实际需要确定。

第四章 行文规则

第十三条 行文应当确有必要，讲求实效，注重针对性和可操作性。

第十四条 行文关系根据隶属关系和职权范围确定。一般不得越级行文，特殊情况需要越级行文的，应当同时抄送被越过的机关。

第十五条 向上级机关行文，应当遵循以下规则：

（一）原则上主送一个上级机关，根据需要同时抄送相关上级机关和同级机关，不抄送下级机关。

（二）党委、政府的部门向上级主管部门请示、报告重大事项，应当经本级党委、政府同意或者授权；属于部门职权范围内的事项应当直接报送上级主管部门。

（三）下级机关的请示事项，如需以本机关名义向上级机关请示，应当提出倾向性意见后上报,不得原文转报上级机关。

(四)请示应当一文一事。不得在报告等非请示性公文中夹带请示事项。

(五)除上级机关负责人直接交办事项外,不得以本机关名义向上级机关负责人报送公文,不得以本机关负责人名义向上级机关报送公文。

(六)受双重领导的机关向一个上级机关行文,必要时抄送另一个上级机关。

第十六条　向下级机关行文,应当遵循以下规则:

(一)主送受理机关,根据需要抄送相关机关。重要行文应当同时抄送发文机关的直接上级机关。

(二)党委、政府的办公厅(室)根据本级党委、政府授权,可以向下级党委、政府行文,其他部门和单位不得向下级党委、政府发布指令性公文或者在公文中向下级党委、政府提出指令性要求。需经政府审批的具体事项,经政府同意后可以由政府职能部门行文,文中须注明已经政府同意。

(三)党委、政府的部门在各自职权范围内可以向下级党委、政府的相关部门行文。

(四)涉及多个部门职权范围内的事务,部门之间未协商一致的,不得向下行文;擅自行文的,上级机关应当责令其纠正或者撤销。

(五)上级机关向受双重领导的下级机关行文,必要时抄送该下级机关的另一个上级机关。

第十七条　同级党政机关、党政机关与其他同级机关必要时可以联合行文。属于党委、政府各自职权范围内的工作,不得联合行文。

党委、政府的部门依据职权可以相互行文。部门内设机构除办公厅(室)外不得对外正式行文。

第五章　公文拟制

第十八条　公文拟制包括公文的起草、审核、签发等程序。

第十九条　公文起草应当做到:

(一)符合国家法律法规和党的路线方针政策,完整准确体现发文机关意图,并同现行有关公文相衔接。

(二)一切从实际出发,分析问题实事求是,所提政策措施和办法切实可行。

(三)内容简洁,主题突出,观点鲜明,结构严谨,表述准确,文字精练。

（四）文种正确，格式规范。

（五）深入调查研究，充分进行论证，广泛听取意见。

（六）公文涉及其他地区或者部门职权范围内的事项，起草单位必须征求相关地区或者部门意见，力求达成一致。

（七）机关负责人应当主持、指导重要公文起草工作。

第二十条 公文文稿签发前，应当由发文机关办公厅（室）进行审核。审核的重点是：

（一）行文理由是否充分，行文依据是否准确。

（二）内容是否符合国家法律法规和党的路线方针政策；是否完整准确体现发文机关意图；是否同现行有关公文相衔接；所提政策措施和办法是否切实可行。

（三）涉及有关地区或者部门职权范围内的事项是否经过充分协商并达成一致意见。

（四）文种是否正确，格式是否规范；人名、地名、时间、数字、段落顺序、引文等是否准确；文字、数字、计量单位和标点符号等用法是否规范。

（五）其他内容是否符合公文起草的有关要求。

需要发文机关审议的重要公文文稿，审议前由发文机关办公厅（室）进行初核。

第二十一条 经审核不宜发文的公文文稿，应当退回起草单位并说明理由；符合发文条件但内容需作进一步研究和修改的，由起草单位修改后重新报送。

第二十二条 公文应当经本机关负责人审批签发。重要公文和上行文由机关主要负责人签发。党委、政府的办公厅（室）根据党委、政府授权制发的公文，由授权机关主要负责人签发或者按照有关规定签发。签发人签发公文，应当签署意见、姓名和完整日期；圈阅或者签名的，视为同意。联合发文由所有联署机关的负责人会签。

第六章　公文办理

第二十三条 公文办理包括收文办理、发文办理和整理归档。

第二十四条 收文办理主要程序是：

（一）签收。对收到的公文应当逐件清点，核对无误后签字或者盖章，并注明签收时间。

（二）登记。对公文的主要信息和办理情况应当详细记载。

（三）初审。对收到的公文应当进行初审。初审的重点是：是否应当由本机关办理，是否符合行文规则，文种、格式是否符合要求，涉及其他地区或者部门职权范围内的事项是否已经协商、会签，是否符合公文起草的其他要求。经初审不符合规定的公文，应当及时退回来文单位并说明理由。

（四）承办。阅知性公文应当根据公文内容、要求和工作需要确定范围后分送。批办性公文应当提出拟办意见报本机关负责人批示或者转有关部门办理；需要两个以上部门办理的，应当明确主办部门。紧急公文应当明确办理时限。承办部门对交办的公文应当及时办理，有明确办理时限要求的应当在规定时限内办理完毕。

（五）传阅。根据领导批示和工作需要将公文及时送传阅对象阅知或者批示。办理公文传阅应当随时掌握公文去向，不得漏传、误传、延误。

（六）催办。及时了解掌握公文的办理进展情况，督促承办部门按期办结。紧急公文或者重要公文应当由专人负责催办。

（七）答复。公文的办理结果应当及时答复来文单位，并根据需要告知相关单位。

第二十五条 发文办理主要程序是：

（一）复核。已经发文机关负责人签批的公文，印发前应当对公文的审批手续、内容、文种、格式等进行复核；需作实质性修改的，应当报原签批人复审。

（二）登记。对复核后的公文，应当确定发文字号、分送范围和印制份数并详细记载。

（三）印制。公文印制必须确保质量和时效。涉密公文应当在符合保密要求的场所印制。

（四）核发。公文印制完毕，应当对公文的文字、格式和印刷质量进行检查后分发。

第二十六条 涉密公文应当通过机要交通、邮政机要通信、城市机要公文交换站或者收发件机关机要收发人员进行传递，通过密码电报或者符合国家保密规定的计算机信息系统进行传输。

第二十七条 需要归档的公文及有关材料，应当根据有关档案法律法规以及机关档案管理规定，及时收集齐全、整理归档。两个以上机关联合办理的公文，原件由主办机关归档，相关机关保存复制件。机关负责人兼任其他机关职务的，在履行所兼职务过程中形成的公文，由其兼职机关归档。

第七章 公文管理

第二十八条 各级党政机关应当建立健全本机关公文管理制度,确保管理严格规范,充分发挥公文效用。

第二十九条 党政机关公文由文秘部门或者专人统一管理。设立党委(党组)的县级以上单位应当建立机要保密室和机要阅文室,并按照有关保密规定配备工作人员和必要的安全保密设施设备。

第三十条 公文确定密级前,应当按照拟定的密级先行采取保密措施。确定密级后,应当按照所定密级严格管理。绝密级公文应当由专人管理。

公文的密级需要变更或者解除的,由原确定密级的机关或者其上级机关决定。

第三十一条 公文的印发传达范围应当按照发文机关的要求执行;需要变更的,应当经发文机关批准。

涉密公文公开发布前应当履行解密程序。公开发布的时间、形式和渠道,由发文机关确定。

经批准公开发布的公文,同发文机关正式印发的公文具有同等效力。

第三十二条 复制、汇编机密级、秘密级公文,应当符合有关规定并经本机关负责人批准。绝密级公文一般不得复制、汇编,确有工作需要的,应当经发文机关或者其上级机关批准。

复制、汇编的公文视同原件管理。复制件应当加盖复制机关戳记。翻印件应当注明翻印的机关名称、日期。汇编本的密级按照编入公文的最高密级标注。

第三十三条 公文的撤销和废止,由发文机关、上级机关或者权力机关根据职权范围和有关法律法规决定。公文被撤销的,视为自始无效;公文被废止的,视为自废止之日起失效。

第三十四条 涉密公文应当按照发文机关的要求和有关规定进行清退或者销毁。

第三十五条 不具备归档和保存价值的公文,经批准后可以销毁。销毁涉密公文必须严格按照有关规定履行审批登记手续,确保不丢失、不漏销。个人不得私自销毁、留存涉密公文。

第三十六条 机关合并时,全部公文应当随之合并管理;机关撤销时,需要归档的公文经整理后按照有关规定移交档案管理部门。

工作人员离岗离职时,所在机关应当督促其将暂存、借用的公文按照有关规定移交、清退。

第三十七条　新设立的机关应当向本级党委、政府的办公厅(室)提出发文立户申请。经审查符合条件的,列为发文单位,机关合并或者撤销时,相应进行调整。

第八章　附则

第三十八条　党政机关公文含电子公文。电子公文处理工作的具体办法另行制定。

第三十九条　法规、规章方面的公文,依照有关规定处理。外事方面的公文,依照外事主管部门的有关规定处理。

第四十条　其他机关和单位的公文处理工作,可以参照本条例执行。

第四十一条　本条例由中共中央办公厅、国务院办公厅负责解释。

第四十二条　本条例自 2012 年 7 月 1 日起施行。1996 年 5 月 3 日中共中央办公厅发布的《中国共产党机关公文处理条例》和 2000 年 8 月 24 日国务院发布的《国家行政机关公文处理办法》停止执行。

附录二　党政机关公文格式

(GB/T 9704—2012)

前　言

本标准按照 GB/T 1.1—2009 给出的规则起草。

本标准根据中共中央办公厅、国务院办公厅印发的《党政机关公文处理工作条例》的有关规定对 GB/T 9704—1999《国家行政机关公文格式》进行修订。本标准相对 GB/T 9704—1999 主要作如下修订:

　　a) 标准名称改为《党政机关公文格式》,标准英文名称也作相应修改;

　　b) 适用范围扩展到各级党政机关制发的公文;

　　c) 对标准结构进行适当调整;

　　d) 对公文装订要求进行适当调整;

　　e) 增加发文机关署名和页码两个公文格式要素,删除主题词格式要素,并对公文格式各要素的编排进行较大调整;

　　f) 进一步细化特定格式公文的编排要求;

　　g) 新增联合行文公文首页版式、信函格式首页、命令(令)格式首页版式等式样。

本标准中公文用语与《党政机关公文处理工作条例》中的用语一致。

本标准为第二次修订。

本标准由中共中央办公厅和国务院办公厅提出。

本标准由中国标准化研究院归口。

本标准起草单位:中国标准化研究院、中共中央办公厅秘书局、国务院办公厅秘书局、中国标准出版社。

本标准主要起草人:房庆、杨雯、郭道锋、孙维、马慧、张书杰、徐成华、范一乔、李玲。

本标准代替了 GB/T 9704—1999。

GB/T 9704—1999 的历次版本发布情况为:

　　——GB/T 9704—1988。

　　——GB/T 9704—2012。

1　范围

本标准规定了党政机关公文通用的纸张要求、排版和印制装订要求、公文格式各要素的编排规则,并给出了公文的式样。

本标准适用于各级党政机关制发的公文。其他机关和单位的公文可以参照执行。

使用少数民族文字印制的公文,其用纸、幅面尺寸及版面、印制等要求按照本标准执行,其余可以参照本标准并按照有关规定执行。

2　规范性引用公文

下列公文对于本标准的应用是必不可少的。凡是注日期的引用公文,仅所注日期的版本适用于本标准。凡是不注日期的引用公文,其最新版本(包括所有的修改单)适用于本标准。

GB/T 148 印刷、书写和绘图纸幅面尺寸

GB 3100 国际单位制及其应用

GB 3101 有关量、单位和符号的一般原则

GB 3102(所有部分) 量和单位

GB/T 15834 标点符号用法

GB/T 15835 出版物上数字用法

3　术语和定义

下列术语和定义适用于本标准。

3.1　字 word

标示公文中横向距离的长度单位。在本标准中,一字指一个汉字宽度的距离。

3.2　行 line

标示公文中纵向距离的长度单位。在本标准中,一行指一个汉字的高度加 3 号汉字高度的 7/8 的距离。

4　公文用纸主要技术指标

公文用纸一般使用纸张定量为 $60\sim80\ \text{g/m}^2$ 的胶版印刷纸或复印纸。纸张白度 80%～90%,横向耐折度≥15 次,不透明度≥85%,pH 值为 7.5～9.5。

5　公文用纸幅面尺寸及版面要求

5.1　幅面尺寸

公文用纸采用 GB/T 148 中规定的 A4 型纸,其成品幅面尺寸为:210 mm×297 mm。

5.2 版面
5.2.1 页边与版心尺寸
公文用纸天头（上白边）为 37 mm±1 mm，公文用纸订口（左白边）为 28 mm±1 mm，版心尺寸为 156 mm×225 mm。
5.2.2 字体和字号
如无特殊说明，公文格式各要素一般用 3 号仿宋体字。特定情况可以作适当调整。
5.2.3 行数和字数
一般每面排 22 行，每行排 28 个字，并撑满版心。特定情况可以作适当调整。
5.2.4 文字的颜色
如无特殊说明，公文中文字的颜色均为黑色。

6 印制装订要求
6.1 制版要求
版面干净无底灰，字迹清楚无断划，尺寸标准，版心不斜，误差不超过 1 mm。
6.2 印刷要求
双面印刷；页码套正，两面误差不超过 2 mm。黑色油墨应当达到色谱所标 BL100％，红色油墨应当达到色谱所标 Y80％、M80％。印品着墨实、均匀；字面不花、不白、无断划。
6.3 装订要求
公文应当左侧装订，不掉页，两页页码之间误差不超过 4 mm，裁切后的成品尺寸允许误差±2 mm，四角成 90°，无毛茬或缺损。

骑马订或平订的公文应当：

a）订位为两钉外订眼距版面上下边缘各 70 mm 处，允许误差±4 mm；

b）无坏钉、漏钉、重钉，钉脚平伏牢固；

c）骑马订钉锯均订在折缝线上，平订钉锯与书脊间的距离为 3～5 mm。

包本装订公文的封皮（封面、书脊、封底）与书芯应吻合、包紧、包平、不脱落。

7 公文格式各要素编排规则
7.1 公文格式各要素的划分
本标准将版心内的公文格式各要素划分为版头、主体、版记三部分。公文首页红色分隔线以上的部分称为版头；公文首页红色分隔线（不含）以下、公文末页首条分隔线（不含）以上的部分称为主体；公文末页首条分隔线以下、末条分隔线以上的部分称为版记。

页码位于版心外。

7.2　版头

7.2.1　份号

如需标注份号，一般用 6 位 3 号阿拉伯数字，顶格编排在版心左上角第一行。

7.2.2　密级和保密期限

如需标注密级和保密期限，一般用 3 号黑体字，顶格编排在版心左上角第二行；保密期限中的数字用阿拉伯数字标注。

7.2.3　紧急程度

如需标注紧急程度，一般用 3 号黑体字，顶格编排在版心左上角；如需同时标注份号、密级和保密期限、紧急程度，按照份号、密级和保密期限、紧急程度的顺序自上而下分行排列。

7.2.4　发文机关标志

由发文机关全称或者规范化简称加"公文"二字组成，也可以使用发文机关全称或者规范化简称。

发文机关标志居中排布，上边缘至版心上边缘为 35 mm，推荐使用小标宋体字，颜色为红色，以醒目、美观、庄重为原则。

联合行文时，如需同时标注联署发文机关名称，一般应当将主办机关名称排列在前；如有"公文"二字，应当置于发文机关名称右侧，以联署发文机关名称为准上下居中排布。

7.2.5　发文字号

编排在发文机关标志下空二行位置，居中排布。年份、发文顺序号用阿拉伯数字标注；年份应标全称，用六角括号"〔〕"括入；发文顺序号不加"第"字，不编虚位（即 1 不编为 01），在阿拉伯数字后加"号"字。

上行文的发文字号居左空一字编排，与最后一个签发人姓名处在同一行。

7.2.6　签发人

由"签发人"三字加全角冒号和签发人姓名组成，居右空一字，编排在发文机关标志下空二行位置。"签发人"三字用 3 号仿宋体字，签发人姓名用 3 号楷体字。

如有多个签发人,签发人姓名按照发文机关的排列顺序从左到右、自上而下依次均匀编排,一般每行排两个姓名,回行时与上一行第一个签发人姓名对齐。

7.2.7 版头中的分隔线

发文字号之下 4 mm 处居中印一条与版心等宽的红色分隔线。

7.3 主体

7.3.1 标题

一般用 2 号小标宋体字,编排于红色分隔线下空二行位置,分一行或多行居中排布;回行时,要做到词意完整,排列对称,长短适宜,间距恰当,标题排列应当使用梯形或菱形。

7.3.2 主送机关

编排于标题下空一行位置,居左顶格,回行时仍顶格,最后一个机关名称后标全角冒号。如主送机关名称过多导致公文首页不能显示正文时,应当将主送机关名称移至版记,标注方法见 7.4.2。

7.3.3 正文

公文首页必须显示正文。一般用 3 号仿宋体字,编排于主送机关名称下一行,每个自然段左空二字,回行顶格。文中结构层次序数依次可以用"一、""(一)""1.""(1)"标注;一般第一层用黑体字、第二层用楷体字、第三层和第四层用仿宋体字标注。

7.3.4 附件说明

如有附件,在正文下空一行左空二字编排"附件"二字,后标全角冒号和附件名称。如有多个附件,使用阿拉伯数字标注附件顺序号(如"附件:1. ×××××");附件名称后不加标点符号。附件名称较长需回行时,应当与上一行附件名称的首字对齐。

7.3.5 发文机关署名、成文日期和印章

7.3.5.1 加盖印章的公文

成文日期一般右空四字编排,印章用红色,不得出现空白印章。

单一机关行文时,一般在成文日期之上、以成文日期为准居中编排发文机关署名,印章端正、居中下压发文机关署名和成文日期,使发文机关署名和成文日期居印章中心偏下位置,印章顶端应当上距正文(或附件说明)一行之内。

联合行文时,一般将各发文机关署名按照发文机关顺序整齐排列在相应位置,并将印章一一对应、端正、居中下压发文机关署名,最后一个印章端正、居中下压发文机关署名和成文日期,印章之间排列整齐、互不相交或相切,每

排印章两端不得超出版心,首排印章顶端应当上距正文(或附件说明)一行之内。

7.3.5.2　不加盖印章的公文

单一机关行文时,在正文(或附件说明)下空一行右空二字编排发文机关署名,在发文机关署名下一行编排成文日期,首字比发文机关署名首字右移二字,如成文日期长于发文机关署名,应当使成文日期右空二字编排,并相应增加发文机关署名右空字数。

联合行文时,应当先编排主办机关署名,其余发文机关署名依次向下编排。

7.3.5.3　加盖签发人签名章的公文

单一机关制发的公文加盖签发人签名章时,在正文(或附件说明)下空二行右空四字加盖签发人签名章,签名章左空二字标注签发人职务,以签名章为准上下居中排布。在签发人签名章下空一行右空四字编排成文日期。

联合行文时,应当先编排主办机关签发人职务、签名章,其余机关签发人职务、签名章依次向下编排,与主办机关签发人职务、签名章上下对齐;每行只编排一个机关的签发人职务、签名章;签发人职务应当标注全称。

签名章一般用红色。

7.3.5.4　成文日期中的数字

用阿拉伯数字将年、月、日标全,年份应标全称,月、日不编虚位(即 1 不编为 01)。

7.3.5.5　特殊情况说明

当公文排版后所剩空白处不能容下印章或签发人签名章、成文日期时,可以采取调整行距、字距的措施解决。

7.3.6　附注

如有附注,居左空二字加圆括号编排在成文日期下一行。

7.3.7　附件

附件应当另面编排,并在版记之前,与公文正文一起装订。"附件"二字及附件顺序号用 3 号黑体字顶格编排在版心左上角第一行。附件标题居中编排在版心第三行。附件顺序号和附件标题应当与附件说明的表述一致。附件格式要求同正文。

如附件与正文不能一起装订,应当在附件左上角第一行顶格编排公文的发文字号并在其后标注"附件"二字及附件顺序号。

7.4　版记

7.4.1　版记中的分隔线

版记中的分隔线与版心等宽,首条分隔线和末条分隔线用粗线(推荐高度为 0.35 mm),中间的分隔线用细线(推荐高度为 0.25 mm)。首条分隔线位于版记中第一个要素之上,末条分隔线与公文最后一面的版心下边缘重合。

7.4.2　抄送机关

如有抄送机关,一般用 4 号仿宋体字,在印发机关和印发日期之上一行、左右各空一字编排。"抄送"二字后加全角冒号和抄送机关名称,回行时与冒号后的首字对齐,最后一个抄送机关名称后标句号。

如需把主送机关移至版记,除将"抄送"二字改为"主送"外,编排方法同抄送机关。既有主送机关又有抄送机关时,应当将主送机关置于抄送机关之上一行,之间不加分隔线。

7.4.3　印发机关和印发日期

印发机关和印发日期一般用 4 号仿宋体字,编排在末条分隔线之上,印发机关左空一字,印发日期右空一字,用阿拉伯数字将年、月、日标全,年份应标全称,月、日不编虚位(即 1 不编为 01),后加"印发"二字。

版记中如有其他要素,应当将其与印发机关和印发日期用一条细分隔线隔开。

7.5　页码

一般用 4 号半角宋体阿拉伯数字,编排在公文版心下边缘之下,数字左右各放一条一字线;一字线上距版心下边缘 7 mm。单页码居右空一字,双页码居左空一字。公文的版记页前有空白页的,空白页和版记页均不编排页码。公文的附件与正文一起装订时,页码应当连续编排。

8　公文中的横排表格

A4 纸型的表格横排时,页码位置与公文其他页码保持一致,单页码表头在订口一边,双页码表头在切口一边。

9　公文中计量单位、标点符号和数字的用法

公文中计量单位的用法应当符合 GB 3100、GB 3101 和 GB 3102(所有部分),标点符号的用法应当符合 GB/T 15834,数字用法应当符合 GB/T 15835。

10　公文的特定格式

10.1　信函格式

发文机关标志使用发文机关全称或者规范化简称,居中排布,上边缘至上

页边为 30 mm,推荐使用红色小标宋体字。联合行文时,使用主办机关标志。

发文机关标志下 4 mm 处印一条红色双线(上粗下细),距下页边 20 mm 处印一条红色双线(上细下粗),线长均为 170 mm,居中排布。

如需标注份号、密级和保密期限、紧急程度,应当顶格居版心左边缘编排在第一条红色双线下,按照份号、密级和保密期限、紧急程度的顺序自上而下分行排列,第一个要素与该线的距离为 3 号汉字高度的 7/8。

发文字号顶格居版心右边缘编排在第一条红色双线下,与该线的距离为 3 号汉字高度的 7/8。

标题居中编排,与其上最后一个要素相距二行。

第二条红色双线上一行如有文字,与该线的距离为 3 号汉字高度的 7/8。

首页不显示页码。

版记不加印发机关和印发日期、分隔线,位于公文最后一面版心内最下方。

10.2 命令(令)格式

发文机关标志由发文机关全称加"命令"或"令"字组成,居中排布,上边缘至版心上边缘为 20 mm,推荐使用红色小标宋体字。

发文机关标志下空二行居中编排令号,令号下空二行编排正文。

签发人职务、签名章和成文日期的编排见 7.3.5.3。

10.3 纪要格式

纪要标志由"×××××纪要"组成,居中排布,上边缘至版心上边缘为 35 mm,推荐使用红色小标宋体字。

标注出席人员名单,一般用 3 号黑体字,在正文或附件说明下空一行左空二字编排"出席"二字,后标全角冒号,冒号后用 3 号仿宋体字标注出席人单位、姓名,回行时与冒号后的首字对齐。

标注请假和列席人员名单,除依次另起一行并将"出席"二字改为"请假"或"列席"外,编排方法同出席人员名单。

纪要格式可以根据实际制定。

11 式样

A4 型公文用纸页边及版心尺寸见图 1;公文首页版式见图 2;联合行文公文首页版式 1 见图 3;联合行文公文首页版式 2 见图 4;公文末页版式 1 见图 5;公文末页版式 2 见图 6;联合行文公文末页版式 1 见图 7;联合行文公文末页版式 2 见图 8;附件说明页版式见图 9;带附件公文末页版式见图 10;信函格式首页版式见图 11;命令(令)格式首页版式见图 12。

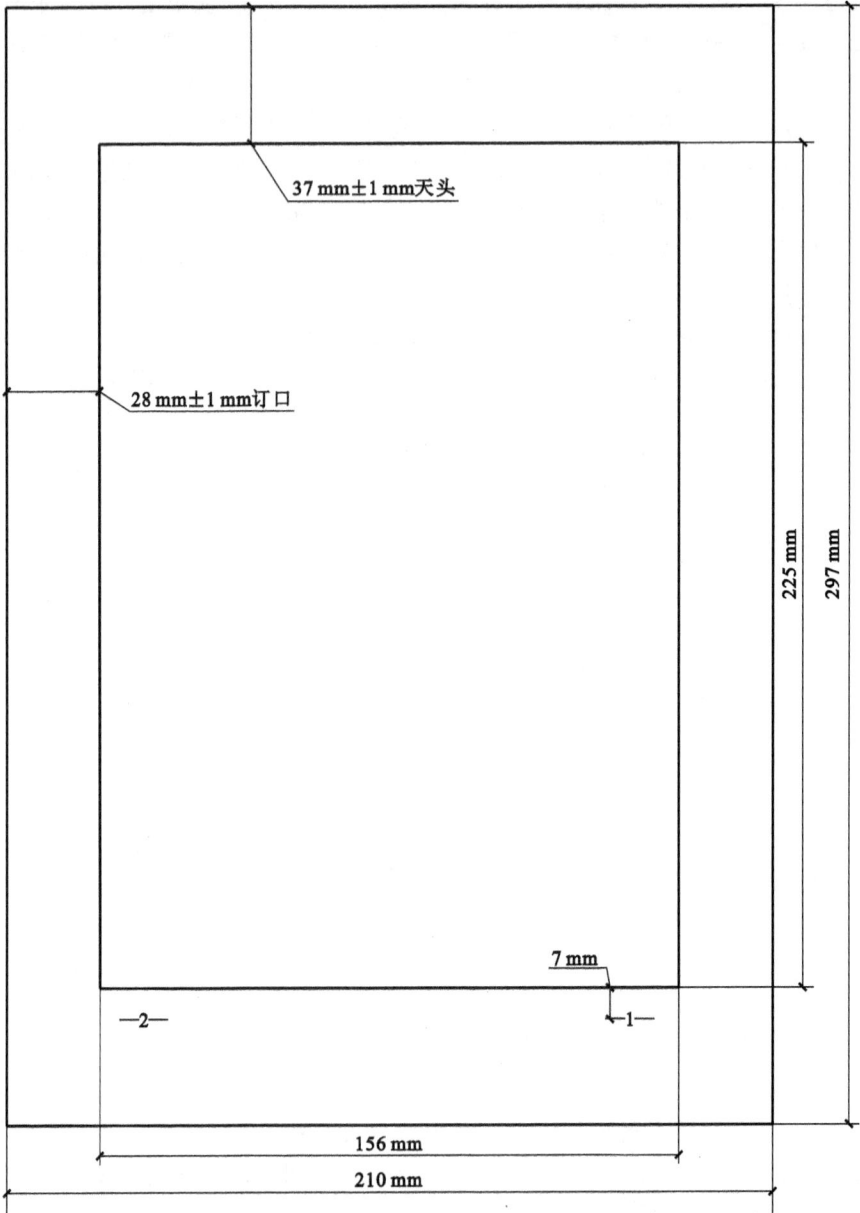

37 mm±1 mm天头

28 mm±1 mm订口

225 mm

297 mm

7 mm

—2—

—1—

156 mm

210 mm

图1　A4型公文用纸页边及版心尺寸

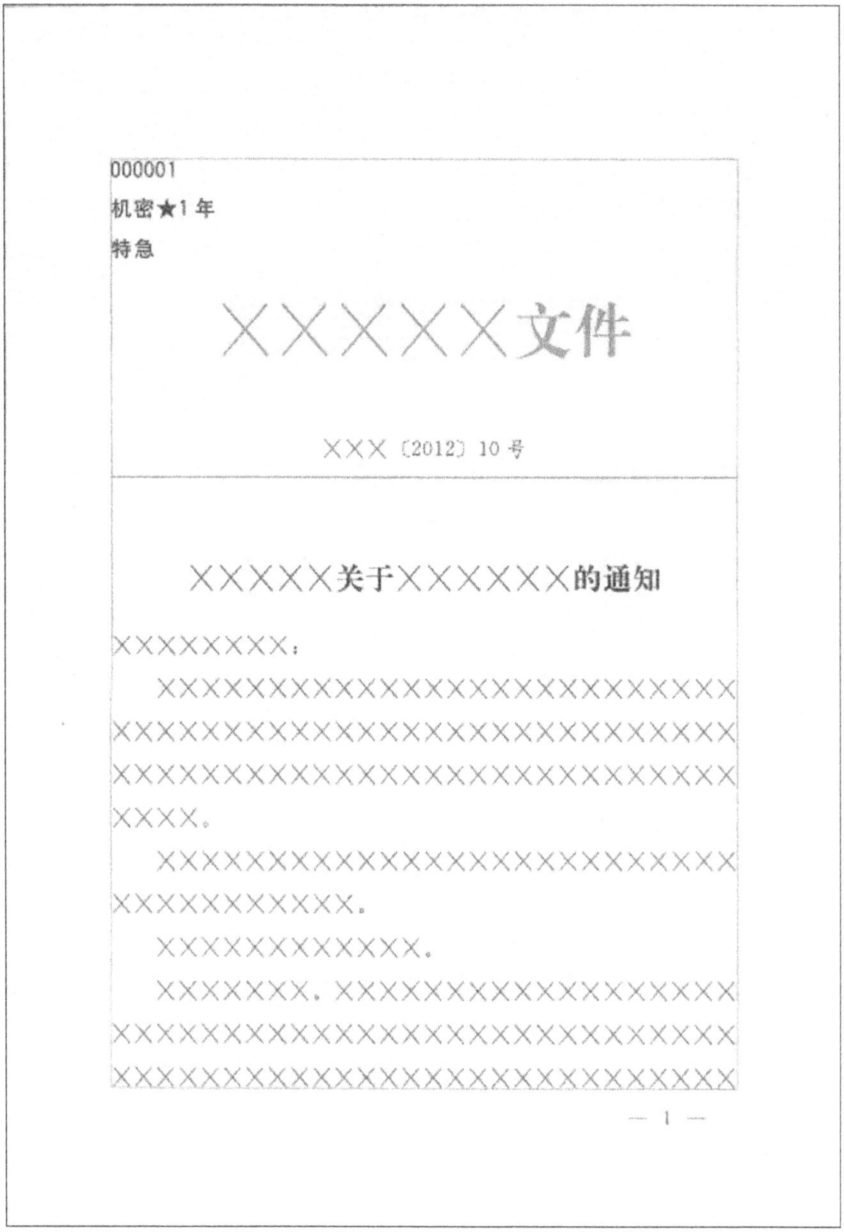

000001
机密★1年
特急

×××××文件

××× 〔2012〕 10 号

×××××关于×××××××的通知

××××××××：

　　×××××××××××××××××××××××××
×××××××××××××××××××××××××××××
××××。
　　×××××××××××××××××××××××××
××××××××××。
　　××××××××××。
　　×××××××。×××××××××××××××××
×××××××××××××××××××××××××××××

图 2　公文首页版式
注：版心实线框仅为示意，在印制公文时并不印出。

000001
机密★1年
特急

×××××
× × × 文件
××××××

××× 〔2012〕10 号

×××××关于×××××××的通知

×××××××:

　　×××××××××××××××××××××××××。
　　×××××××××××××××××××××××××
×××××××××××××××××××××××××
×××××××××××××××××××××××××
××××。
　　××××××××××××××××××××××××

— 1 —

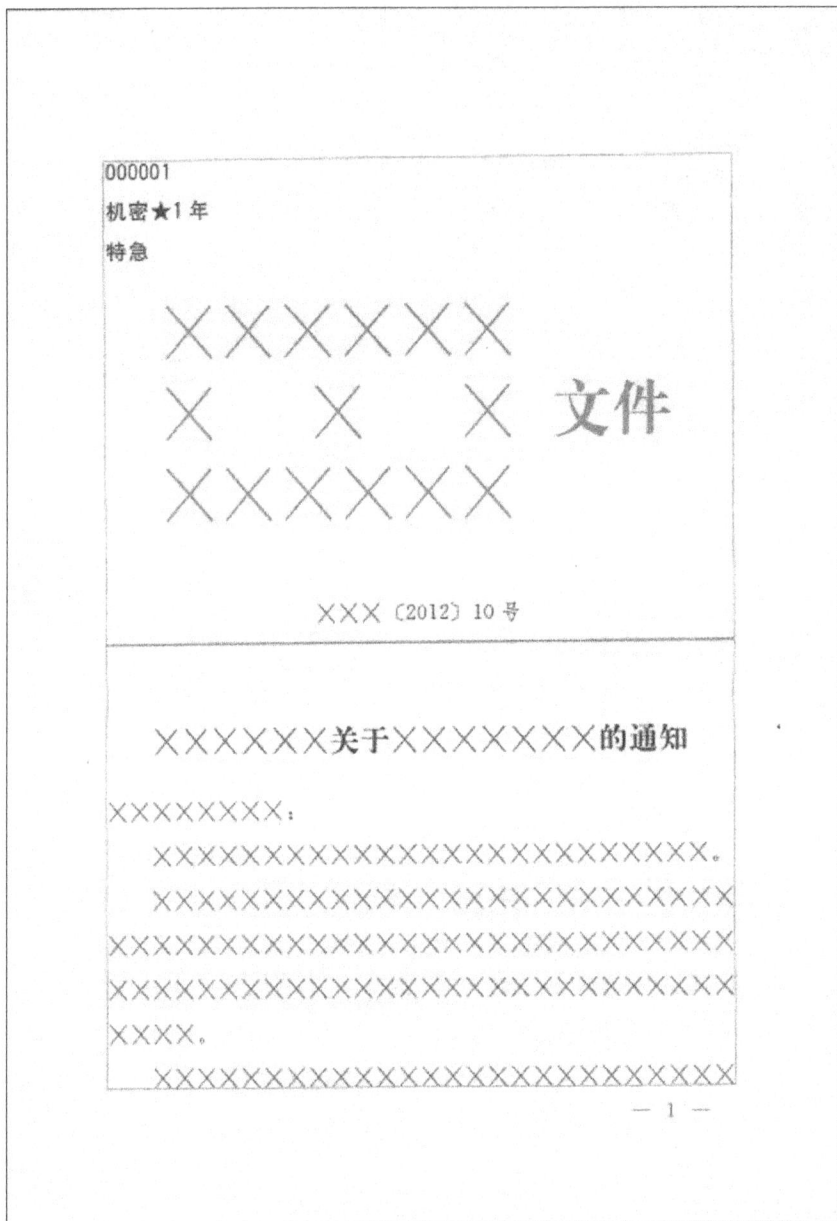

图 3　联合行文公文首页版式 1
注:版心实线框仅为示意,在印制公文时并不印出。

198

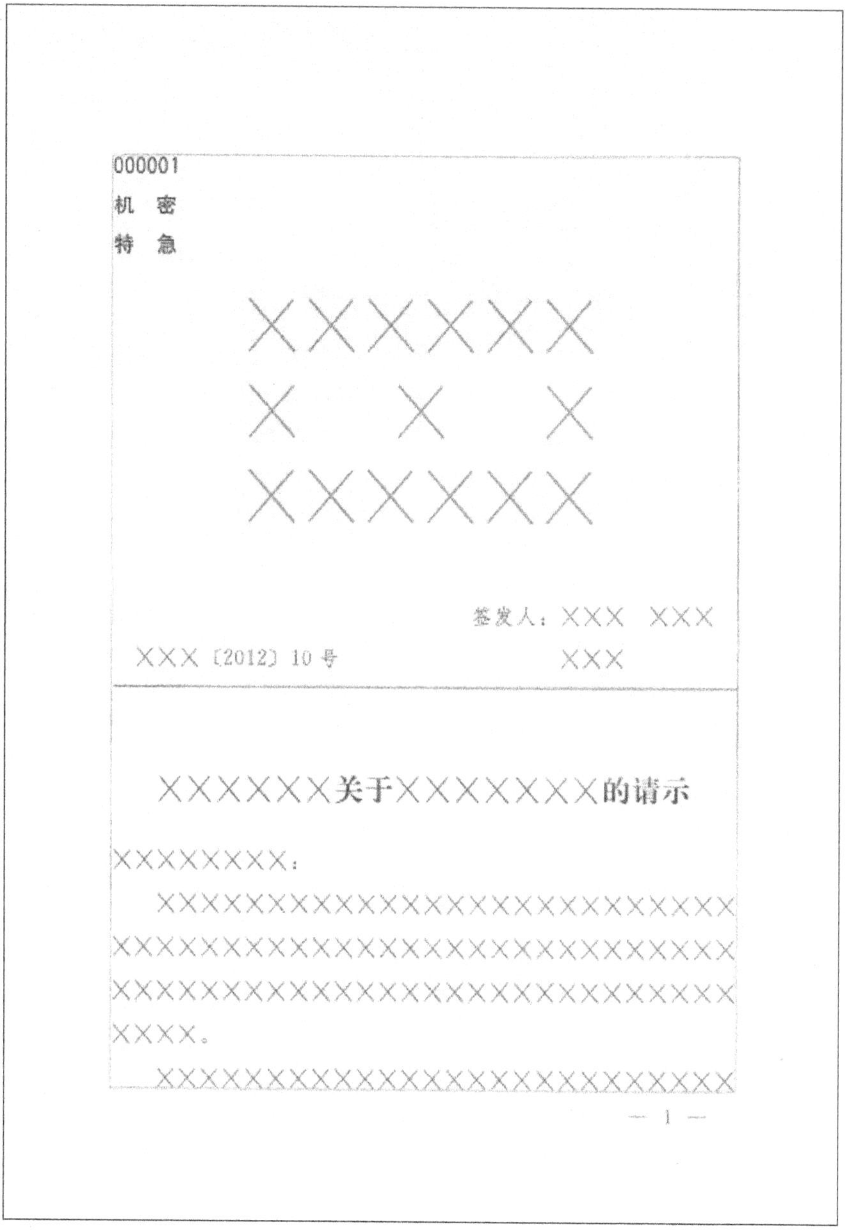

000001

机 密

特 急

××××××

× × ×

×××××

签发人：××× ×××

××× 〔2012〕 10 号　　　　　　　　×××

××××××关于×××××××的请示

×××××××：

　　××××××××××××××××××××××

×××××××××××××××××××××××××

××××××××××××××××××××××××××

××××。

　　×××××××××××××××××××××××××

— 1 —

图 4　联合行文公文首页版式 2

注：版心实线框仅为示意，在印制公文时并不印出。

199

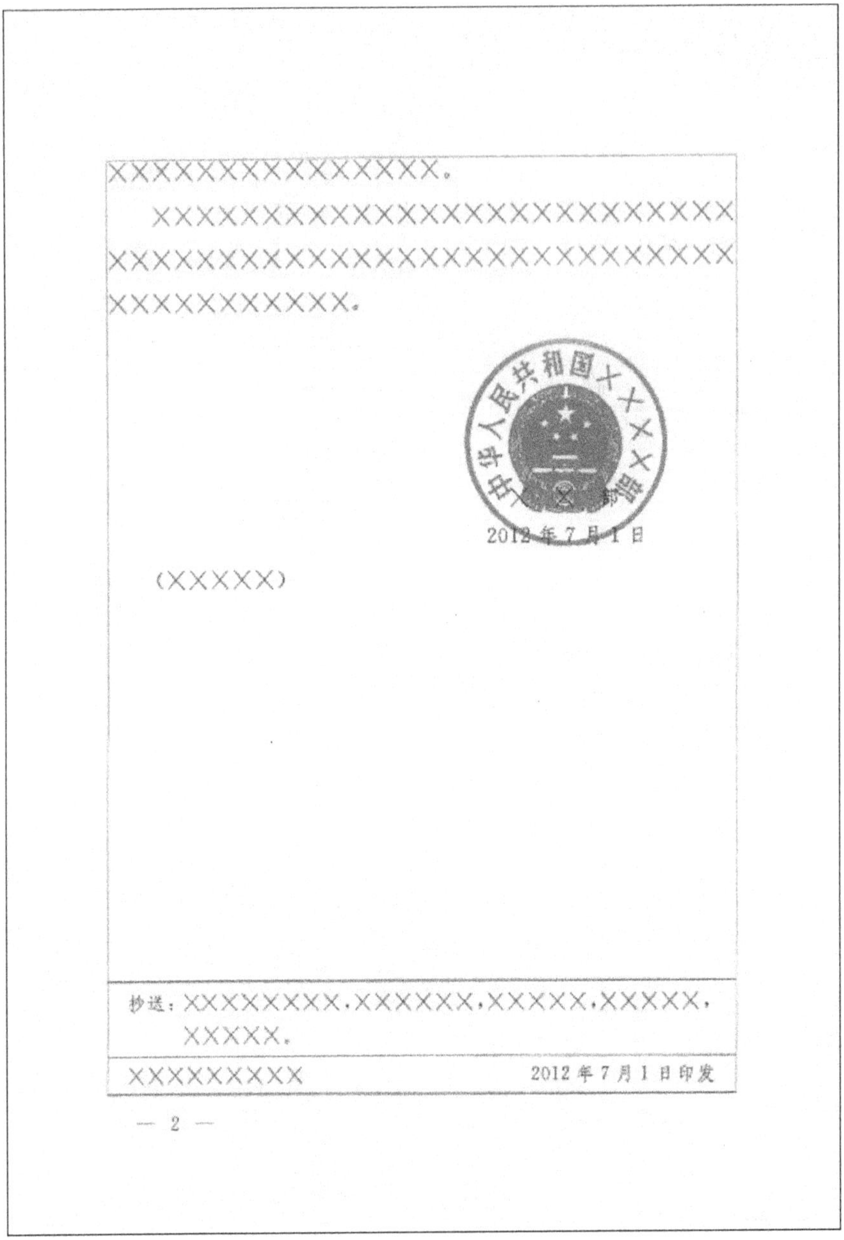

XXXXXXXX。

　XXXXXXXXXXXXXXXXXXX
XXXXXXXXXXXXXXXXXXXXXX
XXXXXXXXX。

（XXXXX）

2012 年 7 月 1 日

抄送：XXXXXXX,XXXXXX,XXXXX,XXXXX,
　　XXXXX。

XXXXXXXX　　　　　　2012 年 7 月 1 日印发

— 2 —

图 5　公文末页版式 1
注：版心实线框仅为示意，在印制公文时并不印出。

XXXXXXXXXXXXXX。
　　XXXXXXXXXXXXXXXXXXXX
XXXXXXXXXXXXXXXXXXXXXXXX
XXXXXXX。

　　　　　　　　　　XXXXXXXXXX
　　　　　　　　　2012 年 7 月 1 日

（XXXXX）

抄送：XXXXXXX，XXXXXX，XXXXX，XXXXX，
　　　XXXXX。

XXXXXXXXX　　　　　　　2012 年 7 月 1 日印发

— 2 —

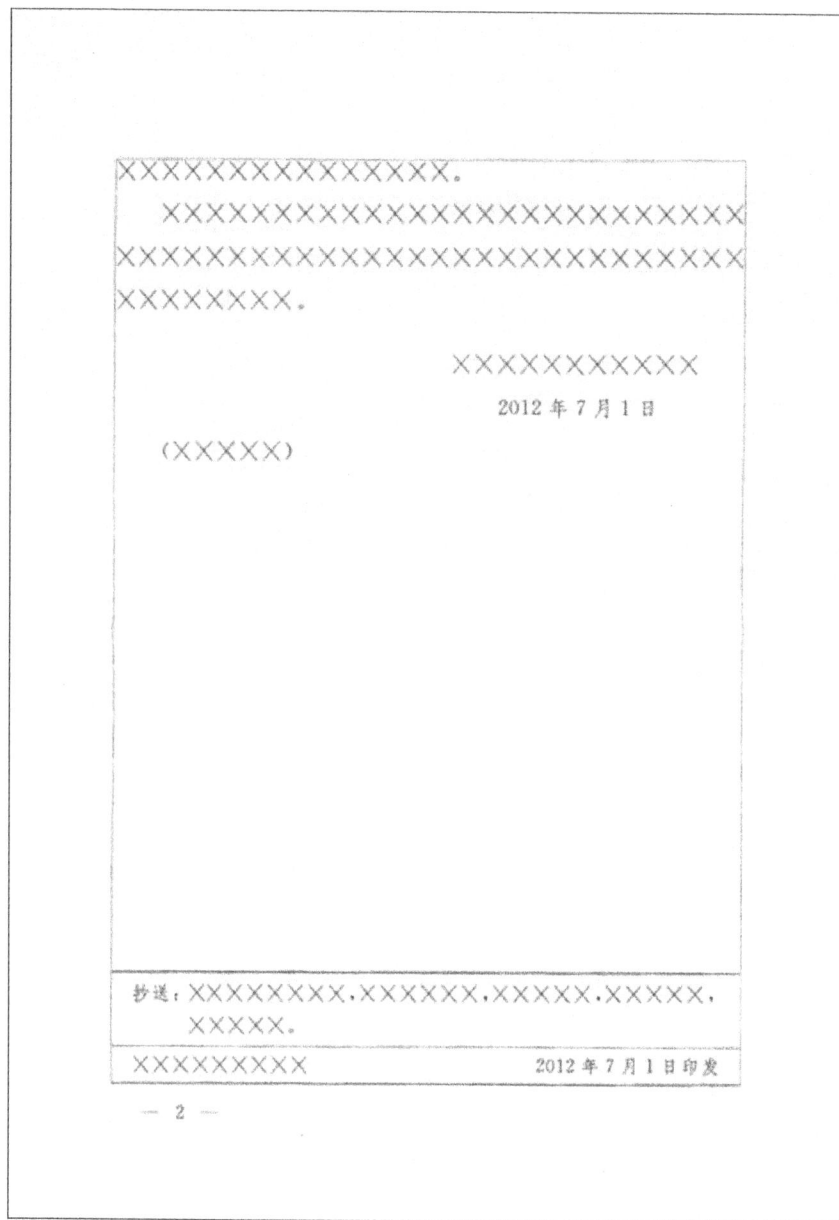

图 6　公文末页版式 2
注：版心实线框仅为示意，在印制公文时并不印出。

×××××××××××××××。
  ××××××××××××××××××××××
××××××××××××××××××××
××××××××××。

（×××××）

抄送：××××××××，××××××，×××××，×××××，
      ×××××。

××××××××   2012 年 7 月 1 日印发

— 2 —

图 7　联合行文公文末页版式 1

注：版心实线框仅为示意，在印制公文时并不印出。

××××××××××××。

　　×××××××××××××××××××××

××××××××××××××××××××××××

××××××××××。

（×××××）

抄送：××××××××，××××××××，×××××，×××××，

　　　×××××。

××××××××　　　　　　2012 年 7 月 1 日印发

— 2 —

图 8　联合行文公文末页版式 2

注:版心实线框仅为示意,在印制公文时并不印出。

×××××××××××××。
　　×××××××××××××××××××××
×××××××××××××××××××××
×××××××××××。

　　附件：1. ×××××××××××××××
　　　　　　 ×××××
　　　　　 2. ×××××××××××

　　　　　　　　　　　×××××××
　　　　　　　　　　　× × × ×
　　　　　　　　　　　2012 年 7 月 1 日

（×××××）

— 2 —

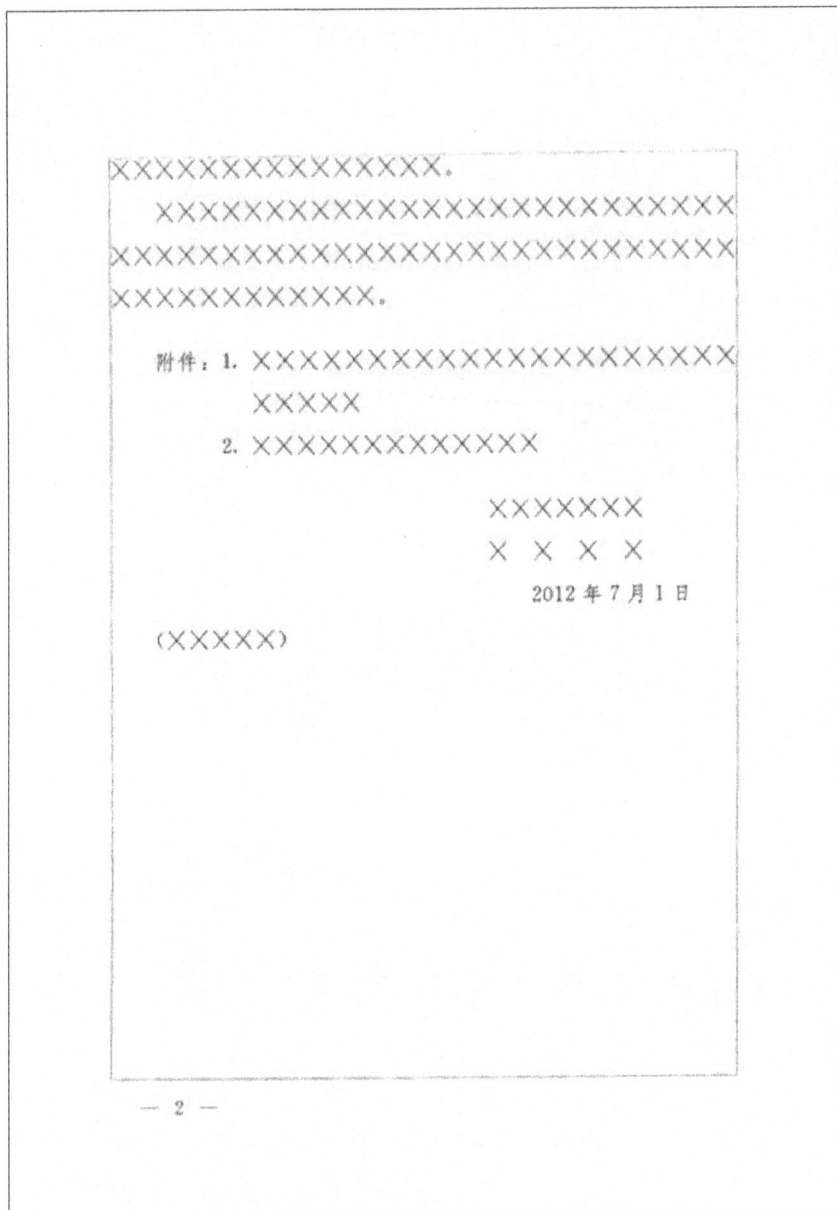

图9　附件说明页版式

注：版心实线框仅为示意，在印制公文时并不印出。

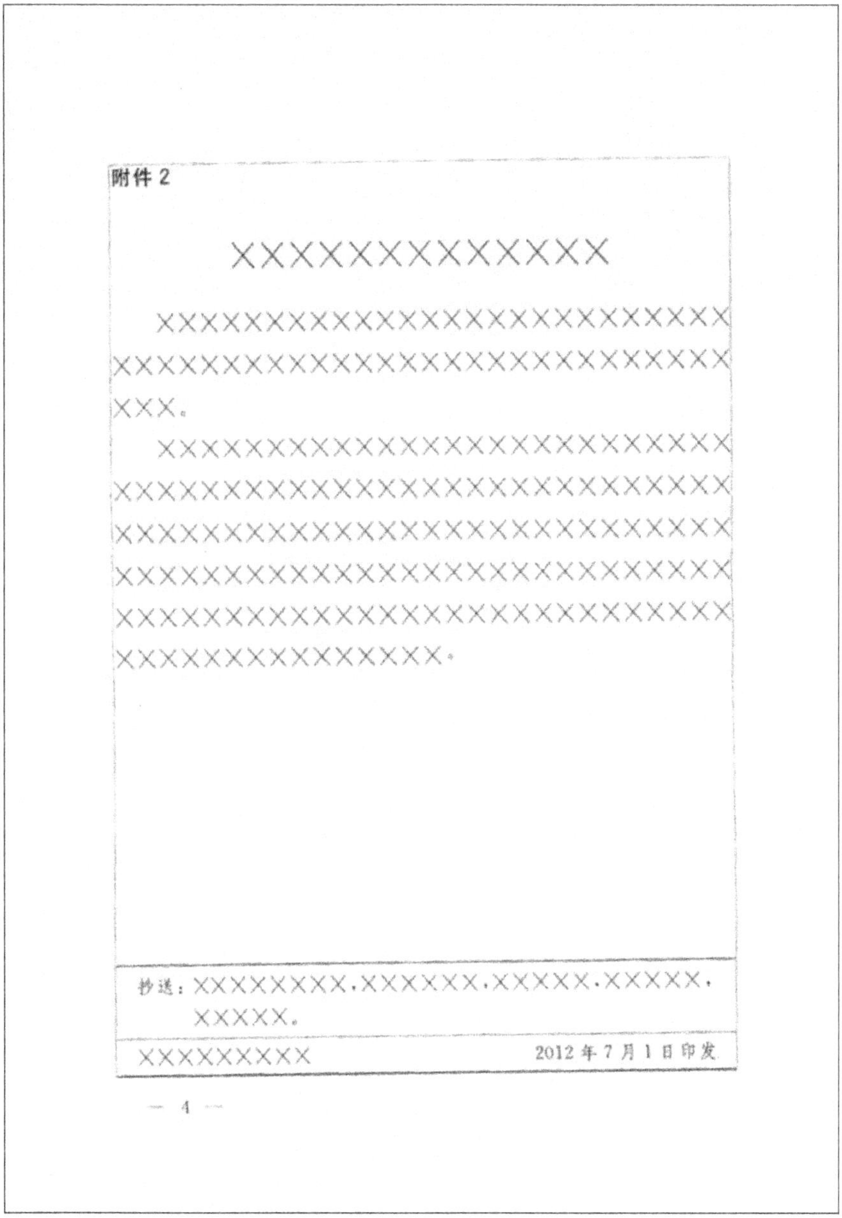

附件2

XXXXXXXXXXXXXX

XXXXXXXXXXXXXXXXXXXXXXXXXX XXXXXXXXXXXXXXXXXXXXXXXXXXXX XXX。

XXXXXXXXXXXXXXXXXXXXXXXXXX XXXXXXXXXXXXXXXXXXXXXXXXXXXX XXXXXXXXXXXXXXXXXXXXXXXXXXXX XXXXXXXXXXXXXXXXXXXXXXXXXXXX XXXXXXXXXXXXXXXXXXXXXXXXXXXX XXXXXXXXXXXXXXX。

抄送：XXXXXXXX，XXXXXX，XXXXX，XXXXX，XXXXX。

XXXXXXXXX　　2012年7月1日印发

— 4 —

图 10　带附件公文末页版式

注：版心实线框仅为示意，在印制公文时并不印出。

中华人民共和国×××××部

000001   ××× 〔2012〕 10 号

机 密

特 急

×××××关于×××××××的通知

×××××××：

　　×××××××××××××××××××××××××
×××××××××××××××××××××××××××
×××××××××××××××××××××××××××
××××××××××××××××××××。
　　×××××××××××××××××××××××××
×××××××××××××××××××××××××××
×××××××××××××××××××××××××。
　　×××××××××××××××××××××××××
×××××××××××××××××××××××××××
×××××××××××××××××××××××××××
×××××××××××××××××××××××××××
×××××××××××××××××××××××××××
××××××××××××××××××××××××××。

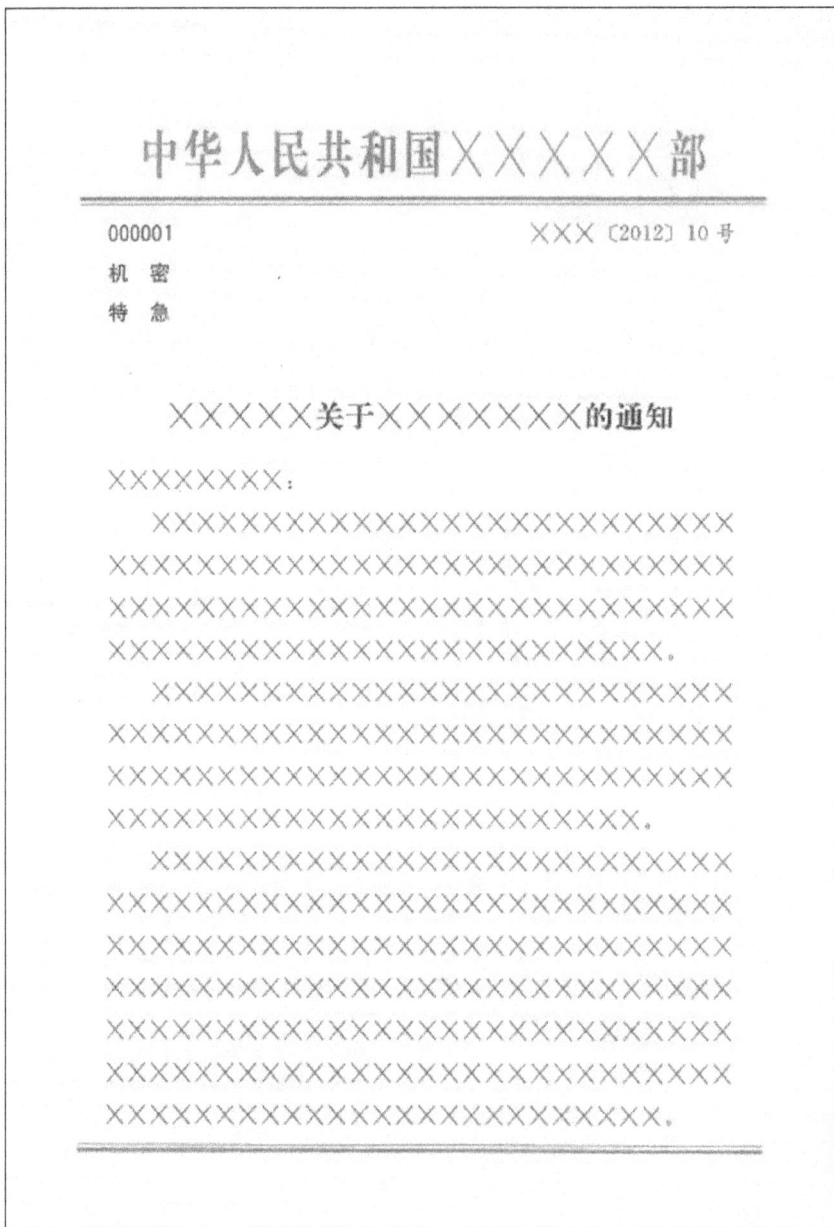

图 11　信函格式首页版式

注：版心实线框仅为示意，在印制公文时并不印出。

××××××令

第×××号

××××××××××××××××××××××××××××××××××××××。×××××××××××××××××××××××××××××××××××××××。

部　长　×××

2012 年 7 月 1 日

图 12　命令（令）格式首页版式

注:版心实线框仅为示意,在印制公文时并不印出。

参 考 文 献

[1] 倪丽娟. 文书学[M]. 北京:高等教育出版社,2014.

[2] 赵映诚. 文书工作与档案管理[M]. 3 版. 北京:高等教育出版社,2013.

[3] 郭冬. 实用写作范例评点[M]. 北京:高等教育出版社,2009.

[4] 王健. 文书学[M]. 北京:中国人民大学出版社,2015.

[5] 徐睿杰. 汉语修辞的逻辑分析[D]. 湘潭:湘潭大学,2014.

[6] 杨霞. 公文写作规范与例文解析[M]. 北京:北京大学出版社,2013.

[7] 周瑛. 文书学[M]. 长春:吉林大学出版社,2011.

[8] 周耀林. 张煜明. 任汉中. 文书学教程[M]. 武汉:武汉大学出版社,2009.

[9] 张保忠,岳海翔. 最新公文写作规范、技巧与范例[M]. 北京:中国言实出版社,2012.

[10] 张保忠,岳海翔. 党政公文解疑全书[M]. 北京:中国言实出版社,2007.

[11] 张保忠,岳海翔. 最新公文格式与写作规范[M]. 北京:中国言实出版社,2006.

[12] 栾照钧. 公文病误矫正指南[M]. 北京:中国时代经济出版社,2003.

[13] 张庆儒. 公文处理学[M]. 北京:高等教育出版社,2014.

[14] 韩英. 文书学[M]. 济南:山东大学出版社,2001.

[15] 何宾. 公文写作病例评改[M]. 南宁:广西人民出版社,1991.

[16] 苗枫林. 中国公文学[M]. 济南:齐鲁书社,1988.

[17] 李振凌. 消极修辞在公文写作中的运用[J]. 应用写作,2013(2):18-20

[18] 李小冰. 佳作评析恰当·严谨·可行——对一则通告的赏析[J]. 应用写作,2012(7):58-60.

［19］ 吴新元. 公文正文三要素新说［J］. 档案学通讯，2011(4)：42-45.

［20］ 李江汉. 探索长效机制　整治"文山会海"［J］. 秘书工作，2010 (5)：25-26.

［21］ 刘菊清. 可仿可学的作文技巧：夹叙夹议法［J］. 写作(上旬刊)，2009(8)：10-10.

［22］ 孙际垠. 论公文中文言语汇的运用［J］. 秘书之友，2008(4)：25-27.

［23］ 章隐. 评析一份充满说服力的请示佳作［J］. 应用写作，2007(4)：54-54.

［24］ 申晓伟. 行政公文中的修辞研究［D］. 长沙：湖南师范大学，2007.

［25］ 韩大伟. 入情入理　顺理成章——评析一则批评性通报［J］. 应用写作，2006(2)：56-58.

［26］ 宋俊丽. 简明　规范　务实　求新——从两篇别开生面的情况报告看政治文明语境下公文写作的发展趋势［J］. 应用写作，2005(5)：54-56.

［27］ 杨诚，蒋志华. 行政公文质量评价探究［J］. 兰台世界，2005(3)：10-11.

［28］ 郭志林. 谈谈公文体式特征［J］. 应用写作，2005(1)：15-17.

［29］ 龚仕文. 谈会议通知的写作与注意事项［J］. 应用写作，2004 (10)：16-19.

［30］ 刘心爽. 简洁有力　启人警觉——简析国务院办公厅的一则事故通报［J］. 应用写作，2004(2)：54-56.

［31］ 岳海翔. 理深意切　策见分明——《中共中央关于坚持和完善中国共产党领导的多党合作和政治协商制度的意见》赏析［J］. 秘书工作，2002 (6)：27-29.

［32］ 张保忠. 层次清晰　用语坚定　事理相融——中办、国办《关于解决当前机关作风中几个严重问题的通知》赏析［J］. 秘书工作，2002(5)：30-31.

［33］ 张煜明. 公文作用辨［J］. 图书情报知识，1996(1)：32-33..

［34］ 张鸿伟. 公文结构与结构原理［J］. 秘书之友，1992(4)：10-12.

［35］ 王铭. 文书法定作者商榷［J］. 档案，1985(4)：34.

［36］ 白有忠. 试论法人的特征及由来［J］. 法学研究，1983(3)：59-62.

［37］ 吴启主. 汉语语法特点与汉语语言学现代化［J］. 湖南师范大学社

会科学学报，1995(6)：117-121.

[38] 汪鑫.汉语应用性说明文语言特征分析暨对外汉语教学[D].合肥：安徽大学，2014.

[39] 马书青.试析公文语言的准确性与模糊[D].临汾：山西师范大学,2012.

[40] 王方.现代公文语体修辞手段述论[D].兰州：西北师范大学,2009.